MY UNDELIGHTFUL ENGLAND DIARY

イギリス
毒舌日記

ウィルトモ
wiltomo

イギリス毒舌日記

ウィルトモ

wiltomo

はじめに

私が渡英したのは、２００６年の夏。それまで勤めていた病院を退職し、友人や同僚達に見送られ、号泣の中、日本に別れを告げた。

15時間後に降り立ったのは、夫の両親が当時暮らしていたイギリスのマンチェスター。その後、旦那の仕事の関係で現在暮らすカーライルに引っ越した。以前オーストラリアで暮らしていた経験から、欧米文化は初めてではなかったが、イギリス特有のよくも悪くも閉鎖的でかつ開放的な、先進国と後進国をごちゃ混ぜにしたような異文化と対人関係に戸惑う日々が始まった。

カーライルは湖水地方のほど近く、スコットランドとの国境地にある。全国の天気予報では出てこない、ちょっと忘れ去られた感のあるこぢんまりした町だ。マンチェスターに比べ物価が安くて嬉しい反面、特に黄色人種と呼ばれる移民は少なく、私のようなアジア人に違和感を持つ人達もいる。稀だがあからさまに差別的発言を受けた経験も何度かある。しかし、これも知らぬがゆえの受け入れ難さであると理解し、日々を過ごしている。

イギリス生活を8ヶ月も過ぎようかという頃、ブログを書きはじめた。

旦那、娘、息子と暮らし、近くに住む旦那の両親と交流する毎日。自慢できるようなセレブ生活のカケラもなく、1年365日の半分以上を長靴で過ごす日々だが、田舎の閉鎖的文化の町の暮らしを通し、その日その時に体験したこと、見聞きしたこと、感じたことをテーマを決めずに書いている。愚痴日記のような内容ではあるが、ブログを読んで下さる方々が温かいお言葉を下さったり、浦島太郎状態の私に日本の情報などを下さったりと、人のつながりのありがたさを日々感じている。

時に読者の中に「カーライルには変な人が多いですね」「イギリスに憧れてましたが、現実を知り残念です」などと書かれる方がおられる。もちろん国際都市でないゆえに起こることもあり、お国柄というケースもあるかもしれないが、これはどこにでもある出来事だと思う。そもそも大阪人であるがゆえ、ツッコミ文化が私の身体に根付いていて、ツッコミたくなることが偶然にも目に留まってしまうだけのことかもしれない。

どうか「イギリスだから」と決めつけず、とある生活の出来事として柔軟な気持ちで読んでいただければ幸いだ。

Contents

Chapter 1 LIFE DIARY
1章―暮らしの日記

Chapter 3 WORK DIARY

3章──仕事の日記

2章──食の日記

Chapter 2 FOOD DIARY

Chapter
4
KIDS
DIARY

4章―子育ての日記

5章―家族の日記

Chapter
5
FAMILY
DIARY

Chapter 1

LIFE DIARY

1章
暮らしの日記

イギリスで病院に行くには

イギリスに住むと、いかに日本が快適な国かがよくわかる。私のように大阪市内に生まれ育ち、行きたいと思った時に駆けつける病院に困らない生活をしていた身としては、この医療システムが不自由極まりない。

歯医者にせよ、病院にせよ、日本なら近所の病院に駆け込めばいい。保険証を持っていけば、予約なしで注射も打ってくれるし、薬もくれるし、検査もしてくれる。

しか〜し!! ここでは日本のように、自分が診てもらいたい科と医師を選んで病院に行くのではなく、「ホームドクター」を自分の意思とは関係なく決定される。基本、何かある時はこのホームドクターを受診してから、処方箋をもらうか、大きな病院に振り分けられるのである。

引っ越してきたら、最初にそのエリア指定のクリニックに予約を取って、ホームドクターに会いにいく。この予約が早くて2週間、ホームドクターが夏休みでバカンスなどに行き、人手が足りない時は2ヶ月ほど待つ。予約が取れたなら、問診がある。この時、血圧測定やら、血液検査をされる。

今後、何かあった時や病気になった時には、このホームドクターの診察を受け、そこで処置できるものはそこで、無理なものは専門医に紹介状を書いてもらってから、大きな病院に予約を取ることができる。

この工程にも、それはそれは長い時間がかかるのである。


先日、私が医師に診てもらいたいことがあったので、電話で「ホームドクターに会いたいので、予約をお願いします」と言うと、「今このクリニックは、受け入れ患者の人数制限を超えているので、診られません」と答えが返ってきた。

「じゃあ、誰に診てもらえばいいのですか？　ホームドクターはそちらなのに診察も受けられないなら、今からまた新しいクリニックを探し、問診までの予約を待って、それから診察を受けるということですか？」と聞くと、「国民健康保険センターに電話して、あなたの家の近くで受け入れ可能なクリニックを探してもらって下さい」と言う。

めんどくさっ!!　メチャメチャ、めんどくさい!!

仕方がないので国民健康保険センターに電話し、私の住んでいるエリア内で、診てもらえる可能性のあるクリニックを3軒紹介してもらった。更にそこから自分で3軒に電話し、診察を受け入れてくれるクリニックを探すのである。腹が痛いとか、風邪で苦しいとかなのに、この電話に1時間近く費やしているわけである。

結局、最後に電話したクリニックが、「今日の午後3時から、5分だけ医師に会っていただけます」と受け入れの意思を見せた。「行きます～!! 今から行かせてもらいます～!!」とダッシュで行き、ほんまに診察は5分で終わった。

医師から「あなたはまだこのクリニックの最初の問診を受けていないので、正式な患者ではありません。2週間ほどしたら、こちらから書類が届きますので、それから再度、問診の予約を取り直してきて下さい。それから正式な患者となります」と言われた。

その時には、もう腹痛いの治っとるわ!!

どんだけ遠回りして、腹痛治すねん!!

なんで日本はスムーズに診察が受けられてここはアカンのか、ホンマに理解デキマセン。

また、イギリスの医師は、抗生物質を出してくれない。

風邪が2週間治らなくてホームドクターに診せにいっても、医師は毎回同じく「風邪に効く薬なんてないよ」と言う。

日本のように注射をしてくれるわけでもなく、逆に「風邪の時に打つ注射って、中身は何？」と聞かれてしまう。ここでは風邪を引いても、点滴や注射を打つ習慣がないからである。

そこで、もう自分から「抗生物質を下さい」と言ってみた。

返事は「NO」。何故なら、重病ではないから。風邪はウイルスなので、時間が経てば治るからである。

2週間続く熱で関節は痛み、咳のしすぎで喉からは出血が見られる。毎晩の嘔吐で苦しい。これだけの症状を説明しても、絶対にくれない抗生物質。

こんなに、難しいのか⁉ 抗生物質を処方してもらうのは。

日本の便利さを痛感する今日この頃。

抗生物質をくれー‼

切るんやなかった

基本、髪は日本で切ることにしている。が、去年は日本にも帰れなかったので、髪があまりにも伸びていた。

いよいよ国籍がアジアからオリエンタルな宗教家めいてきたので、もうこれはアカンと思い、勇気を出して近所の美容院に行ってしまった。

必死に「こうして、ここはこうして……」と説明し、美容師も「ＯＫ」と言った。

その後、「紅茶かコーヒーどっちがいい？」と聞かれたので、「ブラックティ（ミルクも砂糖もなしの）プリーズ」と言うたのに、思い切りミルク＆砂糖入りが来た。

嫌な予感がした。

通じてへんやんか!!

ブラックティが通じなかったことは今までさすがになかったが、これが通じていないとなると、いよいよ不安も２００％。

髪を切りはじめ、3分。

何気に見ると、美容師の手が血だらけ!!

「血出てますけど……」と私が言うと、「ああ、ハサミ買ったばっかりで、凄い切れるんです」と美容師。

いやいや、そんな問題ちゃうやろ!! 嫌やねん、そんな流血した手で髪触られてんのが～!!

まあ、本人もさすがにアカンと思ったのか、「ちょっとスイマセン」と言ってどこかへ行き、絆創膏を巻いて帰ってきた。その後も、二度ほどどこかに行き、そのたびに絆創膏は増えていった。

ヒョエ～!! ヤメテ～!! もうヤメテ～!!と叫びたいが、髪はバッサリ切られはじめており、気が付けば1時間半経過。カットはまだ終わる様子を見せず、私の注文した「毛先にレイヤーを入れて」の注文は、未完成のまま。

と思ったら、「はい、完成です。とてもゴージャスですよ～」と褒めちぎってきた。

エエ～!! コレ～??

ただのオカッパ、金太郎頭の完成である。

昭和初期の写真で、必ず見るようなオカッパである。

「レイヤーにしてほしかったの」と言うたら、「ああ、しましたよ。後ろに」と言う。アホか!! 後ろの見えへん部分に、レイヤーなんか必要ないねん!! アホか!! ある意味、見たことのない稀なデザイン。これも斬新と言うべきか……。

私の英語では、髪もまともに切れんか……と落ち込みながら、雪を掻き分け歩いて帰った。そんなわけで、伸びるまで、しばらくはカーラーなどでごまかす予定。

しかしながら、昨日の朝、この髪で出勤したら「超カワイイ~!!」と褒められ、「どこでやったの?」「どう言えば同じにしてもらえる?」と3人の子に聞かれた。

おちょくってんのか……と思ったが、本気そうであったので、教えておいた。ただ、どういう注文の仕方かと言われたら、私が頼んだのとは違う仕上がりなので、そこは難しいのである。

英語の間違い

英語は永遠の私のテーマとなった今、できるだけ積極的に話すようにしている。けれど、ただ1つの単語を聞き間違えたために、会話がとんでもない方向に行ってしまうこともある。

以前、オーストラリアのアデレードに住んでいた時のこと。

同居していた女の子の男友達が、私のことを気に入っていたことがあった（が、当時は知らなかった）。

彼女から、「彼が○○にでも行かないかと言ってるけど、どう？」と聞かれた。私にはこの○○が、「ペンギン」と聞こえたのである。

「ペンギンでもどう？」って、どういう意味？と混乱したら、もう前後の会話は想像でつなげていくしかないのである。結果、私は「南極には行けない」と意味不明の回答を出し、その場を去った。

しかし、その時はそれが正しい答えだと確信していた。

彼女がその彼にどう回答したかはわからないが、その後何ヶ月もしてから、彼が私をドライブに誘ったことが判明した。


昨日も、同僚から「日本には街灯はあるの？」と聞かれた（何故、そんな意味のない質問をしてきたかは不明だ）。

しかし、私は「アフリカには行ったことがない」と答えた。

こうなったら、私はアフリカについて必死で説明するし、相手も必死で説明してくるし、もう会話にならないのである。

それでも仕事が成り立つから、人間、気にしなければ、結構イケルもんである。

漢字の間違い

日本でおしゃれな英語表記が好まれるのと同じように、イギリスでイレズミなどに漢字が使用されることがある。

ただ、間違ってしまったんかな……というものもよく目にする。

同僚のご主人の首にイレズミが入っていた。

「麦」と入っていた。2回見たが、やっぱり「麦」である。

同僚は「友達が絶えないって意味らしい」と聞いたそうだ。おそらく「友」と入れようとしたつもりが、「麦」と間違ったのだろう。

旦那の友達にも「机」と入れている人がいる。「意味、何?」と聞かれ「デスク」と答えた私であるが、さすがに彼も動揺していた。

今日、目の前を歩いていた男の腕に見つけたもの。それは「品質保証」と彫られた、イレズミであった。意味もわからず入れたのか、それとも店の人に適当に言われて入れたのか……。


また、もう随分前に、タイに行った時のこと。

タイは欧米男性（いや、欧米男性だけやないが……）に人気の国でもある。

楽しみ方はいろいろであるが、大人のアバンチュールを楽しむ男性陣で夜の街は賑わっている。

さて、ここでは「漢字Tシャツ」なるものが必ず売られており、それを着ている白人男性を多く見かける。前から歩いてきた男性のTシャツに大きくプリントされた漢字……それは「巨根」であった。

明らかに買ったであろうタイ人女性を連れて歩いている白人男性のTシャツに「巨根」であるから、意味を理解した目を伏せてしまった。

意味を知らずして着る方がよいだろうと思う瞬間であった。

大人の英語教室

先週から英語の勉強を再開し、昨日で2回目の受講となった。初日に来ていた数人が既に来なくなり、新たに6人ほど生徒が増えた。クラスはできる人とそうでない人で、2つに分かれた。

私は幸運にもできる方に入ったが、できる方とはいえ、先生から「ある部分は凄くできていたけど、ある部分はちょっと勉強しなきゃ駄目。ということでここに入れたけど、努力次第でもう1つ上のクラスに入れるかも」と言われた。

ここ10年近く、勉強していない。会話は職場で叩き上げて培ってきたから、なんちゃって英語は通じるように見えているだけのこと。読み書きの部分は欠落もエエとこであるのは、自分でもわかっているから来たのである。

よっしゃ！ 頑張るで！と一瞬思う。

昨日は初日から一緒だった、ある女性の右隣に座った。休憩時間の時、クラスメイトの女性達とコーヒーを飲みながら雑談していると、私の横に座っていた女性が、ここに通っている理由を話し出した。

彼女は私と同年代である。幼少の頃から吃音症がひどく、両親や兄弟、学校の教員達に矯正することを強要され続けてきた。学校ではクラスメイトに馬鹿にされることが多く、段々と必要以上のことは話さなくなり、人前に出るのが苦痛になり、中学に上がってすぐに不登校になってしまった。そのため、勉強する機会がないまま今に至る。

就職したくとも最終学歴が小学校のままではなんの仕事にも就けず、再び去年から学校に通いはじめたのだという。彼女はネイリストの資格を持ち、できればネイルサロンで働きたいと思っている。がしかし、今も吃音症が改善されていないため、なかなか就職できないのだと言っていた。

「ここには友達作りと、人前で話す、人と意見を交わす練習をしにきている」と言った。

話すのはスムーズではないけれど、彼女は論文を書く時間になると、長文を短時間で書き上げる。私など、なかなかペンが進まず&単語のうろ覚えで何度も辞書を引いているうちに時間切れとなるのであるが、彼女はそこが凄いのである。

「小中学校時代、あんなにクラスメイトから馬鹿にされ、笑われたのに、今は誰も私を笑わない。だからまた来たいと思える」と彼女は言った。

大人になってからの勉強は、人から強要されてする目的が格段に減少するから、楽しい。しかも大人になれば、いつの間にか人を敬い、痛みや苦労に寄り添うことを覚えるから、誰かの欠点をあざ笑う行為がない。

そういう意味で、いろんな理由を持った大人が勉強しにくるのが、大人のための学校なのだと知る。

そんな場で学べる環境は、私にとっても人間勉強になるのである。

英文作成に苦戦

私が通っている英語の学校は、イギリス人教師によるイギリス人のための学校である。3時間の授業の中、3回は文章を書く課題が出るが、たいてい先生から題を与えられ、これを20分以内で紙2枚に書けという内容だ。

こういう英語学校の授業内では、クレーム文を正式文書で書く場合が多いのであるが、これがなかなか難しい。

先日「あなたは近所から無視されています。あなたがどんなに笑顔で話しかけても、挨拶しても、近所の人達は無視します。これを市に訴え、なんとかしてほしいと手紙を書いて下さい」と言われた。

そもそも、こんな状況やったら引っ越ししたらエエやん!!と思いつつ、しかも近所から無視されていることを市に訴えるて……絶対に変な奴やんか……。こんなことを市が解決してくれんのか? マジか!!などと邪念を抱いていたら、あっという間に5分経過。

クラスメイトはガンガンペンを進めている。こんな状況になったこともないし、今後も考えられず、何をどう市に助けを求めるのか……と思いながら書いていたら、結局は1枚の半分しか書けずに終了。

私以外の皆は2枚ガッツリ書けていた。

また、ある時は「あなたは会社の社員食堂のメニューに不満があります。会社役員に好きなメニューを増やしてくれるように手紙を書いて下さい」という題であった。これも20分以内で書き上げる。

こんな手紙を書いてよこしたら「そんな時間あったら仕事せー!!」と言われないだろうか。「私はマカロニグラタンが社員食堂にあったら嬉しいです」などと馬鹿丁寧な言葉で書き、コイツなんやねん?と思われないのか……。

今、これに苦戦中。

オススメ ハ ナイ!

旦那は時々、仕事の帰りにパブに寄って帰ってくる。このパブは、私の職場の斜め向かいにあり、客がいつも2人くらいしかいない。若者がいないのと、ゆっくり飲めるとあって、旦那は好んでこのパブに行く。

今日、カウンターでいつものように飲んでいたら、アジア人夫婦が入ってきた。アジア人夫婦は「すいません、ここで夕食は食べられますか?」と聞いた。しかし、このパブは料理を出さないパブであるから、店主が「うちは、食事類は置いていない」と断った。

旦那は、夫婦が話す英語から、間違いなく日本人であることを確信。8年、日本で英語を教えていたからわかるのである。

旦那は「日本人ですか?」と日本語で聞いた。

ビックリした夫婦は「そうです……夕食を食べるところを探しているのですが、わかりません」と言ったそう。夫婦は「どこか、この辺で美味しいレストランはないですか?もしくは、オススメは？」と聞いた。

旦那は「カーライルに、オススメはない。美味しいレストランもない」と言った。

夫婦は大爆笑していたらしいが、本当に困っていたようだったので、旦那は「しょうがない気持ちで食べるなら、1軒教えます」と説明。先日、ちょうどテネリフェ島でのバカンス中に勉強した「道案内の方法」を思い出し、旦那は「コノカドヲ ミギニ マガリマス。ソシテ……」と教えたそう。

夫婦は大阪の豊中市から来ていたそうで、旦那も京都に5年、大阪に3年住んでいたことを伝えた。

結局、夫婦は「しょうがない気持ちで食べてきます。教えてくれてありがとう」と言い、パブをあとにした。

しかしながら悲しいやんか……カーライルにオススメできるレストランが1軒もないなど……。

ロンドンやったら、あるのか……？ イギリスで美味い店、あたったことないでー!!

最寄りのバス停

私の住む村というか集落には、家が20軒ほど建っている。そして周囲は見渡す限りの牛&羊牧場である。ここに引っ越してきてから1年近く気が付かなかったが、集落の前にバス停を発見した。木の葉が覆い茂っていたから、気が付かなかったのである。バスなど通らないと思っていたから、町まで行くバスが停まると思い、嬉しくなった。

しかしながら、この集落の前をバスが通ったのを見たことがない。隣の家のばあちゃんに聞いても「さあ……」と言う。まあ、この集落に住むには車が必須であるから、バスなど利用したことがないのかもしれない。

数日前、娘を散歩させてたら、2軒隣のおばあちゃんが、バスからちょうど降りてくるのが見えた。私は、走って近づき、おばあちゃんに聞いてみた。すると、おばあちゃんは、「1日に1本だけある」と言う。

少なっ!!

「朝11時に町に行くバスが、この前から出発。で、町から帰ってくるバスは、市場の前から午後2時半に出発。これを逃したら、もうない」と教えてくれた。町には選択肢なく11時に行き、午後2時半には帰らねばならん。大阪市内で育った私には、こういう田舎暮らしがホンマにアカンのである……。

普段は産後太りを解消するべく、雨でない限りは町まで1時間歩くことにしている。ところが一昨日。行きは天気がよかったが、帰りはザザ降りであった。

時間は午後2時15分。おばあちゃんが教えてくれた通り、市場の前で待ってみた。午後2時半、バスは時間通りに来た。

誰も乗ってへんやんかー!! こういうの、妙に不安やんか……。

私はおばあちゃんに聞いたバス番号で間違いないのを確認し、運転手に「○○まで」と言った。すると運転手は「どこ、それ?」と聞いてきた。ああ、また私の発音か……と思ったが、今度は大丈夫。こういう時のために、紙を持っているのである。運転手に見せると「うーん……知らんな〜」と言う。せやけど、おばあちゃんは、このバスに乗って帰ってきたのである。

私は聞き方を変え、「○○通りを、このバスは通過しますよね?その途中にあるんですが……」と聞いてみた。運転手は「ああそうやで。このバスは、その道しか通らないバスやから!」と言う。

ほな、なんで知らんねん⁇

運転手は「停めてほしい場所で、叫んで!そしたら停まるから!」と言った。とりあえず私はバスに乗り込み、バスは私の住む田舎道に入った。

私は運転手に「その先で‼」と叫んだ。運転手は「え?ここ?こんな場所でエエの?」と聞いてきた。私は「ええ、ここ。ほら、家見えるでしょ?一応、ここにバス停あるんですけど……」と言ってみた。運転手は爆笑しながら「初耳〜‼」と笑った。

何がオモロイことあんねん……知っとけー‼

永住ビザを取る

今日は会社を休み、スコットランドにあるグラスゴーの移民法務局まで、永住ビザを取りにいった。

結婚ビザでも暮らすには問題ない。ただ数年に一度、結婚ビザを更新せねばならず、そのたびに10万円を超えるお金を支払わなければならないので、面倒かつ出費が重なる。しかし、一度「永住ビザ」を取得すれば、取得時に十数万円を支払うだけでよく、もう数年に一度の更新や支払いがなくなるので、今回「永住ビザ」を申請した。

事前に予約をしなければ建物の中にさえ入れないから、きちんと予約を済ませ、「この書類を持ってきて下さい」と言われる全ての書類を揃え、朝6時に起きて向かった。移民法務局までは、2時間ほどかかる。

移民法務局の受付は、空港のセキュリティーと同じく、手荷物検査&身体検査がある。折り畳み傘など武器になりそうなものや腕時計は受付に預ける。携帯電話は分解した状態で預けなければいけない。

これをパスし、第二の受付に行き、順番を待って手続きカウンターへ。ここは刑務所の面会場所のように、防弾ガラスで隔てたカウンターになっており、紙1枚が通る隙間で、担当係員とやりとりするのである。椅子も鎖で固定されており、移民局なのに刑務所並みの配慮がしてある、奇妙な場所である。

さあ、ここで全ての書類と現金1100ポンド（当時は25万円くらいだったが、徐々に金額が上がっているらしい）を支払えば、永住ビザが取れる‼と思っていたら、担当者が言った。

「証拠不十分です」と。

何が？

「2006年から2人が結婚している証拠は、最初のビザでわかっていますし、2回目のビザ（イギリスに更に2年住むために、更新したビザ）取得の時もあなた達が2人で同じ家に住んでいたことは証拠がありますが、2008年から今日に至るまでの、2人が一緒に住んでいるという証拠が足りません。これを証明してくれなければ、結婚生活は進行形ではないと見なされ、ビザは発行できません」と言う。

証拠て……。

しかしながら、ここでモメれば、ビザは発行してくれない。その時、既に11時。「今日の3時まで待ちますから、戻って取ってきて下さい」とつき返された。怒りを飲み込み、2時間かけて、再びカーライルへ戻った。

家に戻り、2008年から今日に至るまでの間で、私と旦那の宛名が共に入った郵便物の封筒を探した。これを3通以上持っていかなければ、証拠にはならない。

結婚している証拠、同居している証拠……。しかも、2008年から2010年と、年号も入っていなければ証拠にはならない。

偶然にも一昨日、助産師から「飛行機搭乗許可証」が届き、ここに私達夫婦の名前と住所があった!! 初診日と予定日が書かれてあったから、ひとまず2010年分はクリア。

残るは2008年、2009年。これまた日本の友人から送られてきた宅配便の宛名がローマ字で、しかも年号があった!! これで2009年分もクリア。

2008年分はなんや〜!! あと10分で駅に戻らなければ、今日最後の電車は行ってしまう……。焦る！ なんや？ 何がある?!

と、旦那が2008年にもらった友人の結婚式の案内を、封筒ごと保管していた。年号もバッチリ入ってるやんか!! 2人の名前も住所も書いてるやん!! これで完了!

待たせていたタクシーに乗り込み、駅に着いたのは電車の発車2分前。ダッシュで向かいのホームに走った。

汗だくで乗り込んだのに、電車は発車しない。ナンデ? アナウンスが流れ、「○○駅で飛び込み自殺発生のため、全ダイヤ遅れています」とのこと。絶望……。

もうアカン。3時過ぎたら、「絶対に受付しません」と念を押されたのを思い出す。しかし、私は3日後の日本に帰国するチケットも買ってある。最悪、日本帰国を諦めるしかない。30分遅れで電車はノロノロ動きはじめた。しかし、走っては止まり、走っては止まり……の繰り返し。

結局、予定より30分遅れて電車は到着。そこからタクシー乗り場まで再びダッシュ。タクシーに乗り込み、移民法務局へ。

着いたのは3時40分。

移民局の入り口で「もう駄目です。遅いから」と門前払い。それでも、「中の人に、遅れてもいいから来てくれと言われた」と言い通した。入り口のオッサンは、トランシーバーで中の人に確認。確認されたら、もう終わり……。

その時、ラッキーなことに、朝に手荷物検査をしてくれたニュージーランド人の日本人好きなおっちゃんが、「いいよ」と入れてくれた。ありがとう!! おっちゃん!!「サンキュー」と言ったら、「ドウイタシマシテ」と返してくれた。

感謝である!!

再び、手荷物検査と身体検査を受け、中へ。朝に担当してくれた人に100回「サンキュー」と言い、結局、無事に永住ビザ取得～!!

長かった……。長い道のりやった……。もうこんなメンドクサイこと嫌や……。と思いきや、今度子供が生まれたら、最寄りの日本領事館へ出生届を提出せねばならない。生まれてから3ヶ月以内に「子供生まれました。日本国籍も持ちます」と手続きしなければ、永遠に日本国籍は取れない。

また書類の嵐である。

シンボル

カーライルに来たばかりの頃、住んでいた家の数軒隣の家の窓や玄関に、見慣れぬ柄のステッカーが貼ってあった。

ステッカーだけでなく、玄関に旗を掲げている家もあったりする。

ある日ふとそのことに気付き、何のシンボルなのかと思い、旦那に聞いてみた。

それは「BNP」といって、「ブリティッシュ　ナショナル　パーティ」の略であった。

簡単に説明すると、イギリス人以外の外国人を認めていない団体である。

もちろん、私も日本人であるから、歓迎されはしない。

こういうステッカーを貼っている家は結構あって、自分の国以外の国民は嫌いですというのを、アピールしているのである。

「イギリス生活って優雅そう……」「海外生活って皆がフレンドリー」だと思っている人も多いと思うが、住めばこんなこともあるのです。

悲しい日

今日、夕方から雪が降った。退社後、スーパーに向かって歩いていたら、6人組の高校生に雪を投げつけられた。

何度も何度も……。

顔や頭を狙い、皮膚が切れたかと思うほど痛く、しかも投げつける時「国に帰れ!!」と言われ、笑われ……。

本当に悔しく、腹が立った。外国に住めば、こういうこともあるということを、思い知らされた悲しい日だった。


私の旦那が日本にいた頃、京都駅の前で人を待っていたら、やはり中年男性に「アメリカに帰れ」と怒鳴られたことがある。

どこにでも、こういう卑劣なことをする人がいるが、少しショックだった。

私は、高校に入った頃から英語に興味を持ち出し、オーストラリアに住んで以来、外国に永住することを少なからず夢見てきた1人だ。オーストラリアは、ただただ楽しく、こんなパラダイスがあったのか!!というウカレた気持ちで、住んでいた。

ところが、結婚し、イギリスに住んでその夢は見事に崩れていった。

「あれ？ こんなんやったかな？ 憧れてたのは……」という思いと、まあウカレ旅行だったオーストラリアとは違い、今回はガチで生活するという違いもあり、まあこんなもんか……と暗中模索ながらも、なんとか乗り切ってきた。

今回、こういうことがあり、改めて自分が今ここで外国人であるということ、そしてどこの国にも、外国人を受け入れられない人達がいるということ、いつもそういう目で見られている可能性があることを知る、いい機会だったと感じている。

ついつい、自分がもう馴染んでしまっている気がしていたが、やはりまだまだ、この外国人のほとんど住んでいないカーライルという町では、自分が見られやすい外見であることを知ることができ、よかったと思う。

私が今ここに住めばジロジロ見られるのは当然、私の旦那が日本に住めば、ジロジロ見られるのも当然。

結局、人は自分と違う肌の色や目の色、国籍の人を見ると、悪気なく見てしまう習性があるのだと思う。見る側はチラリと見てるつもりでも、それは1人ではない。見られている側からすると、そこにいる空間の数人から同時に見られていることになり、いい気持ちはしないものだ。

今後、私がヨーロッパや白人社会の多い国に住めば、旦那は溶け込めても、私の外見がアジアである限り、こういうことは起こりうる。逆に、旦那が日本やアジアに住めば、同じことがいえる。

国際結婚をしたということは、こういうことも永遠につきまとうということ。

今回は、そういう意味も含め、外見の違う者同士、国籍の違う者同士の結婚を別の角度から知ることができた。

外国に住めば、まあいろいろありますわな……。

せやけど、負けませんから!!

海外生活は気の持ちよう

義父が、マンチェスターの老人ホームに暮らす義父の母に会いにいくというので、通り道のショッピングセンターに連れていってもらうよう頼んだ。なんせカーライルにはロクな店がないからダサくなる一方で、靴屋など1軒しかない。義母が娘を見てくれるというので、預けていった。

片道2時間かけて高速をぶっ飛ばし、私はショッピングセンターで降ろしてもらった。もらえた時間は3時間半である。

買い物を大方済ませ、義父が迎えにくる時間まで15分あったので、車の中で食べられるものを探した。どこも混んでいたが、人が少ないケンタッキーフライドチキンに急ぎ、持ち帰り用に買おうと列に並んだ。

カウンターには4人の女の子が働いていた。4人とも、移民系と見てとれた。

私の前に並んでいたオッサンが、「フィレバーガーと……」と言うと、女の子は「ハンバーガーはない」と答える。オッサンが「いや、いや、フィレの……チキンの入った……」と説明すると、女の子は「チキン？ 8個セット、10個セット、16個セットがあるけど」と答える。

オッサンは「いや、そうじゃなくて、チキンの入ったパンに挟んである……」と説明するが、女の子は「何がほしい？」と聞き返す。

この繰り返しが延々と続き、私は腹の中で大爆笑していた。オッサンは気長に怒ることもなく、延々と説明し続けるし、女の子は全く違う答えを自信満々に答えるからである。

隣の子に聞けばエエのに……と思い、横で接客している女の子に目を向けたが、そこもさっきから同じ客が、延々とオーダーし続けていた。多分、4人はあまり英語が得意ではなく、新人なのであろう。

私はこういう光景を見ると、いつも自分や日本人を考えるのである。何故かというと、私が渡英後、初めて仕事にありつけた時、「私なんて、英語ができないから、どんなキツイ仕事だってもらえたらラッキー」だと、自分を低く見積もって仕事をしてきた。したい仕事があったとしても、自分の英語に自信がないから、尻込みしてしまうのである。

○4○

オーストラリアに住んでいた頃、知っている日本人学生の多くは、そうであった。ペットホテルの受付ではなく、あえて犬のフン拾いのバイトに応募して働いていたり、腰をかがめて1日中ブロッコリーを採取する仕事をしていたりした。

それに比べ、彼女たちは堂々と「ワタシ達、英語でけへんけど、なんか文句あんの？」と働いてるやんか……!!

そう、働いたモン勝ち、仕事もらったモン勝ちなのである。「英語が上達してから……」などと言っていたら、時間が経過するだけなのである。

私など、このヘロヘロ英語で、デパートで働けているのは、働きながら実践で覚えてきたからであって、なんの勉強もしていない。自慢にはならんが、実際にそうなのである。

このケンタッキーの4人組も、多分、自分の英語力にコンプレックスなど微塵《みじん》も感じず、「だって、しょーがないやん? 英語わからんねんから……」と思っているに違いないのだ。

こういう「英語が完璧じゃなくて、何が悪いねん？」と開き直る強靭《きょうじん》な気持ちがなければ、負けてしまうのである。

私は海外生活のおかげで、更に強さを増したのである。

ペーガンウエディング

皆さんは、「ペーガンウエディング」という言葉を御存知だろうか?

日本では、ほとんど馴染みのない結婚式だと思う。

「ペーガン」とは、自然の中で神に結婚を誓うこと。森の中であったり、砂浜であったり、場所はいろいろだが、一般の結婚と違うのは、「永遠」を誓わないところだ。

「ペーガン」式の結婚は、1年ごとに更新される。まず、最初に結婚式を行い、1年後に再び結婚式を行う。その時、どちらかがこの結婚を更新したくないと思えば、そこで終了。更新したければ再び結婚式を挙げ、来年まで結婚状態を続行という、ちょっと変わった内容なのだ。

もちろん公式には認められていないため、2人の間で執り行われる。

私達夫婦の友人にも、実はペーガンを貫く2人がいるため、近いうち、この2人の3回目の結婚式に参加予定。

バツ1の友人などは、「離婚の時の辛さやしんどさを考えると、次の結婚はペーガンで行こうかな……」と言う友人も、少なくない。

「バカバカしい、そんな遊びみたいな結婚」と反対されるのも、また事実。しかし、バツ1の人からしてみると「バツ2になるより、マシやんか」という意見もこれまた納得。

「ペーガン」と「同棲」は、同じと考える人もいるし、2人の中では「結婚」であり、来年も更新してもらえるよう、この1年はお互いを思いやるという考えもある。

私個人としては、「あり」だと考えた。結婚にまとわりつくいろんなモノにとらわれない、「アカンかったら、今度は更新せんといたらエエねん～」的なユルイ感じが、逆に結婚生活を楽しくさせてくれるのではないだろうか。

しかし、バツ1の友人が最近、「ペーガンで結婚しようと思ってる」と両親に話したところ、猛反対を受けたそう。

まあ、親としたらアホなことを‼と、なりますわな……。

6本もあった

さて、歯医者に行ってきた。

去年から3軒もの歯医者に行き、歯の痛みを訴えてきたが、ことごとく「虫歯じゃない」と言われ続け、やっとドイツ人の女医に診てもらい「虫歯」と診断された。虫歯治療開始1週間前、先生は「1本だけ」と言ったのに、治療に行ったら「6本ある」と言われた。

めっちゃ増えてるやん!!

先生は「これは早急に治療が必要だから、通えるだけ通って」と言った。受付に行き、次の予約を取ろうとすると「早くて3ヶ月後の9月末です」と言う。めっちゃ先やんか……。6本どころの騒ぎじゃ、なくなってまうがなー!!と思いながらも通い続け、今日、やっと6本目の治療が終わった。

しかーし!! 数日前から、実は舌の下と奥歯の間にとんがったものがあり、気になるようになった。鏡で見たら、ちょっと骨めいた感じである。痛みはないが、治療前に気になるので先生に聞いてみた。

先生は「ああ、コレね、たまにあるのよ〜。骨的な感じのものやから心配いらんで。痛みとかないやろ？ ほんだら、気にせんでもエエよ」と言った。

私は「これ、大きくなってくるんでしょうか？」と聞いてみた。

先生は「なるねー。なる人は、めっちゃ大きく育つねー。気になるならオペやね。気になれへんかったら、そのまま放置」と言った。

治療中、先生が「念のため、レントゲン撮っとくわ。一応……」と言い、レントゲンを撮った。しかし、出来上がったレントゲン写真は、その骨的な突起物を外して撮られていたから、肝心な部分が写っていなかったのである。

先生は「ハハ!! ズレてたー!!」と爆笑。そして「まあ、また今度でエエわ」と言った。

エエんかいー!! 念のためって言うたがな!!


結局、最短で予約が取れるのが2月であったので、2月に再びレントゲンを撮ることになった。先生は、「2月の時点で今より大きくなってたら、ビックリやな!!」と言い、見送ってくれた。その発言にビックリやわ!!

NIAダンス

肩がガチガチになったので、仕事のランチタイムを利用し、ヨガに行ってきた。45分のこのヨガ教室は、職場の向かいの建物にあるので、ヨガマットを持っていけば、手軽にヨガが楽しめる。教室に入ると、やたらに混み合っていた。しかし、誰もヨガマットを敷いていない。近くにいた女性に聞いてみた。「今日、ヨガありますよね？」と。すると女性は、「今日は水曜なので、NIAダンスですよ」と言う。

NIAダンスて……まさかのアレかー!!

以前見かけたことがあるのだが、モダン、ジャズ、ヨガ、太極拳など様々な動きを取り入れ、自分に合った動きで楽しく踊るというもので、今大ブームらしい。しかし、なんとも表現しにくい動きをオバチャン達が一斉にしていて、その怪しげな感じと熱気の凄さに私はドン引きしてしまった。

せっかく着替えたが、サッサと荷物をまとめて教室を出ようとした、その時!! 先生が登場……。この先生にもヨガレッスンを受けているので、当然顔見知りである。

先生は「受けていってよー!! 受けたことないのに、どうして嫌いとかわかるわけ? 絶対楽しいから、1回やってみてよ!!」と言う。教室内にいた20人ほどの女性からも何故か拍手をされ、「一緒に頑張ろうよ!!」と熱い声援を受けた。

何、この団結力の強い感じ……。さっき声をかけた女性に手を引っ張られ、教室内に戻された私は、否応なしに、このダンスに参加することになってしまった。


さて、なんとも怪しげな曲が流れはじめると、先生は「さあ、手は流れるままに……身体は風のように……目を閉じてフラフラとさまよって〜!」と言った。すると全員が目を閉じ、フラフラ漂いながら歩き回る人、その場でクルクル回る人など、なんとも怪しい動きが開始された。

もう、私は心の中で大爆笑である。しかし、笑ってはいけない。皆は真剣なのである。完全にオカルト集団である……。

先生は「動きたいように動いてー……そうして太陽を仰いで……花になりましょう〜!!」と言った。すると皆は、各々に花になった。私はこのノリにさっぱりついていけず、ただただ花になったふりをしながら、学生時代の体育の時間にやらされた「創作ダンス」を思い出し、先生の言うがままに、炎になったり、水になったりしたのである。

そうかと思えば、急に曲調が変わり、「さあ、今からアナタは空手家です。戦いましょう‼」と言い、相手もいないのに想像で戦いはじめた。もちろん、皆も戦っている。

何と戦ったらエエねん‼ 何を想像したらエエねん‼ ワケわからんわー‼

今度は戦いながら、風になった。風になって戦いながら、横に歩けと言う。横に歩きながら、再び戦いながら前に進み、瓦を割れと言う。空中で瓦を割りながら足を上げ、風になりながら、後ろに下がれと言う。

忙しすぎるわー‼ やること多いっちゅうねんー‼

全くダンスの意図がつかめないまま、45分終了。

先生はストレッチに入ったが、「てんとう虫のように……そう、そう、そうです……はーい……冬眠しましょう……」と言って、動かなくなった。

最後まで、全く意味わからん‼

停電

子供が昼寝中のこと。昼の1時前だったので、起きた時のためにと、昼食を作りはじめた。パソコンで日本のニュースを聞きながら料理をしていたら、突然、パソコンが停止。と同時に、ガスも停止。

停電……またかー!!

この辺は田舎なので、実によくある、この停電。電気、ガス、電話回線が同時に停止するのである。

電話は使えず、ガス&オーブンも使えず、電子レンジも湯沸かしも使えない。せっかく暖かい家の中であったが、ガスが止まったから、暖房も停止。冷蔵庫も真っ暗である……。かろうじて水はセーフであったが、すぐに隣の家のご主人に聞きにいった。ご主人は「うちもやで」と言った。

私は「こういう場合、どうしたらいいんですか？ 連絡した方がいいんでしょうか？」と聞いてみた。ご主人は、「あー無駄無駄!! 電話したって、逆切れされるだけやから。待つしかないねん」と言った。

とはいえ、まさに料理中であった私。オーブンの中には、焼きかけのクッキーが……炊飯器の中では、オムライスが炊き上がりかけていたのに……。ただ待つだけなのか……。

ご主人は、「ずーっと待ってたらイライラするから、散歩でも行ったらエエねん」と優しくアドバイスしてくれた。て、行けへんわー!!

私は「だいたい、どれくらい待つもんですか? こういう場合」と聞いてみた。ご主人は「まあ、その時によるよね。故障の原因にもよるし、エンジニアがいてない時もあるし。エンジニアがいてない時は、困るよね〜」と笑った。

慣れている……!! さすが田舎に住むイギリス人。もう、こんなことには動揺しない。

ご主人は「さすがに2日も停電はないやろうから、まあ、気長に待ってみて」と言い、散歩に出掛けた。2日て……。

結局、3時間待って全てが戻った。私も慣れていかなければならないのである。

○5○

自分で吸引

今日は歯医者であった。

口の中に変な骨が生えてきたから診てもらっていたはずが、いつの間にか先生がそれを忘れてしまい、何故か今日は歯石取りになっていた。

予約は昼の1時20分であったが、12時頃受付の方から電話があり、「予約変更です。2時10分に来て下さい」と私の予定など無視で、変更になった。

2時に行ったが、結局部屋に入ったのは2時45分。

いつもの先生が「ごめんねー!! スタッフ不足で忙しいのよ!!」と言う。いつもの歯科助手もいない。

先生は「今日は私が歯石を取るけど、助手がいないから、あなた自分のタイミングで吸引して」と言い、唾液を吸引する管を手渡された。

先生は「私、ガンガン行くから、私の邪魔にならないように吸引してよ!」と言う。了解も何もないまま、先生は「レッツゴー!!」と言い、ガンガン歯石を取りはじめた。

ここの歯医者は、先生が患者の顔を覗き込んで奥の歯を診るのではなく、患者が先生に片手でアゴを持たれ、先生の見やすい角度になすがまま、されるがままに顔の向きを変えられるのである。下の歯の時は、「アゴが首につくほど、下アゴを下げろ」と言われ、再びアゴを持たれ……の繰り返しである。

物凄いスピードで、しかも手荒いため痛みもさることながら、歯石を取る機械から噴き出す水しぶきで顔面は水滴まみれとなり、先生は「あなた、顔ビッチャビチャよ!」と笑ってくる。

知ってるわー!!

先生の手の速さと荒さで、私の吸引もワケがわからず、意味のない頬の内側を何度も吸引してしまい、そのたびに先生に「ちょっと!!」と怒られるのである。

歯石を取ったあとは、歯磨き粉を手で歯に塗られ、電動歯ブラシでガンガン磨かれ、「口をゆすいで!!」と言われ、小さなコップに入った水で口をゆすいだ。

ベッドから起き上がると、先生が1枚のウエットティッシュを無言でくれた。

鏡を見ると、さっき先生に手で塗られた歯磨き粉が、頬から口周り全体にカピカピになって乾いてしまっている。ウエットティッシュでも取れず、苦戦していたら、先生が「それ、石鹸でないと落ちないわよ」と言い残し、「じゃあ次は12ヶ月後!!」と部屋を追い出された。顔中、真っ白なカピカピがついたまま受付に行き、「次12ヶ月後とのことでした」と言うと、受付の女性は「12ヶ月後は先すぎるから、自分でいいタイミングを見計らって予約して」と言った。

この突き放し系サービスに慣れてしまったら、なんとも面白い接客だと笑えるが、本当に私の歯はもう大丈夫なのであろうか……？と不安で仕方なくなるのである。

香しきかな田舎のスローライフ

昼過ぎあたりから、どうも家の中が臭いことに気が付いた。裏庭側に面した部屋は、全て臭い。飼い猫がウンコでもしたか？と嗅ぎ回ったが、これまで、そんな失敗をしていないうちのネコ。オカシイ……オカシイ……と思いながら、嗅ぎまくりながらも夕方まで過ごした。

夕食の支度をするべく、キッチンの窓を開けたその時!! 外から、倒れそうな悪臭が入ってきた。

あの臭いやー！！！

そう……忘れていたが、去年もこの時期、うちの村周辺にある牧場全てに、鶏のフンが撒かれたのである。

何故鶏のフンだと知ったかというと、牛牧場を家族代々経営する友人が、たまたま去年の今日、うちに遊びにきた。その時、私が呼吸できないと言ったら、友人が「懐かしいわ

〜この臭い。鶏のフンやね」と言った。「何故、わかるの？」と聞いたら、友人は「鶏のフンが一番エエ臭いや」と言ったのである。

ちなみに友人は、牛、羊、鶏、豚のフンを嗅ぎ分けられる。まあ、特技ではあるが、あまり尊敬されない特技であろうか……。しかし、こんな時は役に立つから、私もいつの日か、嗅ぎ分けられるようになれればと願う。


そんなわけで、夕食を食べようと思っても、家の中全体が鶏のフンで充満しており、呼吸するたび、風味が喉の奥に絡みつき、気分が悪いことこの上ない。

娘は気にせずモリモリ食べてくれたが、よりによって今日、私は手羽先を焼いてしまったのである。

食えるかーボケー‼

鶏を目の前にし、鶏のフンを嗅ぐ。

田舎のスローライフ……こんな感じである。

自動車教習

実は今、教習所に通っている。今までは日本の免許を国際免許に切り替えていたのであるが、こちらで取ってしまおうと思い、学科テストをパスし、今は路上にて教習。日本と違い、教習所などない。学科は本屋に売っているテキストで独学し、いきなり路上で練習となる。先生が自宅まで来てくれ、そこから近所をウロウロして、スーパーの駐車場や人の家の前でUターンや縦列駐車の練習を重ねるのである。

私は初心者ではないので、いきなり路上でも問題ないが、全くの初心者は大丈夫なのであろうか……。

経験者ゆえ、縦列駐車やUターンは一発合格、しかし……日本で運転していた頃の妙な習慣がアダとなり、先生に怒られた。

例えば道を譲ってもらった時など、日本全国は知らんが少なくとも大阪、関西圏は「ありがとう」と後車のドライバーに伝えるため、2～3回ハザードランプ（非常点滅灯）をつける人が多い。

私はウッカリこれをやってしまい、「何してるの！！！」と怒られた。

そうなのである。

これは緊急事態が発生した時以外、絶対に使ってはいけないのである。

日本でもアカンのかもしれないが、ドライバーはほとんど皆やっているので、無意識にやってしまった。

これを受け、先生から「あなた、危険ドライバーだわ」と言われた。

危険ドライバーって……。


他にも、教習中だと忘れてしまい、片手で運転して怒られた。

先生から「あなたリラックスしすぎなのよ。もっと挙動不審なくらいでちょうどいい」と言われた。

これが難しい。運転に慣れてしまっている今、挙動不審にオドオドしながら運転することの難しさ……。

他の教習中の生徒はシートをめちゃめちゃ前にして、両腕をまっすぐ伸ばして挙動不審に運転しているのに、私はシートをガガーッと後ろにし、ミラーの確認もチラチラッと見るだけ。初心者のように首を右、左180度に向いて確認しないため、先生はこれが「不合格」と言うのである。

明日も再び教習であるから、挙動不審に走ってみようと思っている。

勝手に噴射するヨガ教室

出産以来、夫婦共々通っていたヨガ教室の先生が、突然辞めてしまった。旦那曰く、「なんかあったみたいやで……」とのこと。

経営者でありトップの先生が、最近やり手のババアと共同経営を始めたことから、続々とヨガの先生が辞めていった。おそらく、思い通りに動かない先生達を切ったか、先生達が離れていったか……そんなところであろう。

この大好きだった先生が辞めて5日後の今日、スケジュールは変更することなくヨガ教室は開催。誰が教えんのやろか……トップの先生やろか……と思いつつ行ってみたら、つい先週まで一緒にヨガをやっていた生徒だった。

初っ端「皆さん、今日はこんなチャンスを私に与えて下さりありがとう。私は今まで人に教えたこともなく、今日が全く初めてのことで、何がなんだかわからないんですが、ベストは尽くします。無理なポーズなどは無理についてこようとせず、諦めて下さい」と言った。

いやいや……私らチャンス与えてへんで………。

こうして、なんともぎこちないヨガが始まった。

ヨガの最後、マットに仰向けに寝転び、目を閉じてリラックスするのであるが、ここでいつ教室に入ってきたのか、共同経営者のやり手ババアが来ていた。

私は最後列の端で寝ていたのであるが、目を閉じた瞬間、顔面に水滴がジャー!!とかかった。「冷たっ!!!」と思い目を開けたら、なんとこのババアが1人1人の生徒の顔の上から、自分の好きなアロマ水を振りかけて歩き回っていたのであった。

水かけますって、言うてくれー!!

ほんで、匂いの好みあるやん……。ババアの好きな匂いを……何勝手に噴射しとんねん!!

ババアは満足げ。

ヨガ終了後、お金を払っている（うちのヨガは毎回支払うシステム）とババアが「リラックスできたでしょー?!」と満面の笑みを浮かべ、ドヤ顔で話しかけてきた。

こんな横殴りの雨風の、しかも寒い日のヨガの最後で、あんな冷えた水を顔面にかけられ、何がリラックスできたや……と思いながらも、「はい」と言ってしまう日本人の私。

来週は目を閉じる瞬間に、タオルを顔に乗せておこうか……などと思案中。

嫌な匂いではない。ただ、ちょっと温めておいてくれるとか、一言「今からアロマかけます」的なことを言うといてくれたらエエだけのことなのである。突然やられて、それが今までなかったものであれば、それは誰しも驚くのである。


と、今日の昼にこんなことがあり、夜の部のヨガから帰宅した旦那が、「なんか新しいオバハンにバラの入った花瓶の水みたいなんをかけられ、失禁しそうになった」と興奮しながら言った。

それはアロマというモンや……。

旦那はカタコト日本語で「ナゼ、あんなのカオにします?」と私に聞いてきた。

知らん!! それがサービスや思とんねん!!

スリッパ

欧米文化は基本、家の中でも土足で生活する。しかし日本人である私と、長年畳で生活してきた旦那は、靴を玄関で脱ぎ、靴下や素足で生活する方が心地がよい。そのため、うちは日本式になっている。

子供が産まれてからは特に「こうしてよかった!」と思う。ハイハイしたり寝返りをうったり……1階に子供専用おもちゃ部屋があるため、そこで遊ばせることが多いが、やはり絨毯の上で遊ばせることも多々あるから、なんとなく土足システムじゃない方が綺麗な気がするのである。

友人達が来るとお客様用のスリッパを何気に出し、履き替えていただくようにしている。それでも気が付かずに入られる方には「スリッパどうぞ」と促す。

最初、こっちの友人にスリッパを出したら気持ち悪いと思われるだろうか……と思いながら出してみたら、「ええー!! 私用に? ありがとう!!」と何人もの客人に感動された。以後、スリッパはイギリス人にも喜ばれるのだとわかった。

うちのフローリングは白である。すぐに汚れが目立ってしまい、突然にやってくる義母に見つかろうもんなら「あれ？　あなたモップは？」と聞かれてしまう。そのため、毎朝の掃除機のあと、私は必ずモップで床を磨く。

今日は元同僚が遊びにくることになっていた。今やっと掃除機をかけ、モップをかけ終わり、床がじっくり乾くのを別室で待っていた私と娘と息子。

そこに突然義母が「これ、ハロッズのクッキー。あげるわ」と持ってきてくれた。

それはありがたいのであるが、義母は絶対にスリッパに履き替えてくれない人である。そのため、義母の車が家の前に止まるや否やドアのまん前にスリッパを持って立ち、義母に「どうぞ」と出す。しかし必ず「ああ、私はいらないわ!!」と言い、玄関からキッチン、リビングへと進む。今日も義母は床をチェックしながら「モップかけたのね。やっぱり違うわ」と褒めてくれた。

しかし、外は雨。その泥は家の中へ入る。

もうこれを6年続けてきた。

子供が生まれた時、「あなたの家、日本式にしててよかったわね。皆が靴でウロウロしたんじゃあ、子供に不潔だもの。賢いやり方だわ」と言った。しかし、その義母は絶対に靴のまま入ってくる。

これはなんなのであろうか……。

旦那曰く、「そういう習慣ないからちゃう?」と言う。そうなのだろうか。他のイギリス人のお客様は「あ、ハイハイ」と履き替えてくれるが、義母だけはそれに抵抗があるというのだろうか……。

今日もせっかく磨いた白いフローリングに足跡をつけ、帰り際に「ここ汚れたから、モップかけときなさいね」と言って帰っていった。

義母よ……本当は私のこと嫌いなんでっか?! 後ろ姿を見送りながら、そう思わずにはいられないのである。

角刈りマネージャー

クリスマスを終えた翌日の26日……といえば、セール開始日である。

下の子を産む9ヶ月前までは、自分もデパートに勤めていたから、朝から仕事に出ていたのであるが、それはそれは凄い人が押し寄せてくるわけである。

今朝、子供が5時に目を覚ましたため、ついでに旦那を起こした。そう……セールに行くためである。

目当てのブランドは朝6時からセール開始である。来年の冬の服を買っておくのは悪いことではない。凍った道をぶっ飛ばし、朝6時15分に店の前に着いた。イギリスの子供が必ず1枚は持っているという、このブランド。大手であるが、しかしここはカーライル。オッサン1人がやっている喫茶店よりも狭いであろう。

入店制限していたが、待つこと10分。息子のサイズは1枚もなかった。別にセールやからないのではない。カーライルはほしいサイズさえ品揃えがないのである。仕方なく娘の来年着られそうなサイズを買った。

さてレジに並んだまではよかったが、1つの大きな長蛇の列があったはずが、どこから か横入りしてきた女達が次々にレジ最短距離の列を新たに作り、列が3方向からレジに向 かって並ぶという変なことになってしまった。

これに気が付いた、最初から並んでいた列の若い女性が、横入り組のとある女性に「失礼ですけど、アナタこっちから並ぶべきやで！ 皆そうしてんねんから！」と注意した。

注意されたオバハンは「私は最初からココに並んでま、し、た！」と反論。

女性は「いいえ、私は見てた。アナタは急にそこに並び、何食わぬ顔で横入りしようとしてる」と反論。

こうして最初から並び組と、横入り組が言い合いになった。イギリス女性は言うね～!!と眺めていたら、別の女性が店員を捕まえた。

「ちょっと!! アンタらが、ちゃんと列を管理せーへんから、こんなことになんねん！ セール当日、こうなんのは毎年のことでわかってんねんから、段取りだの打ち合わせだのしとけよ!! この横入り組、アンタがなんとかせー!!」と怒鳴った。

　またコレが……怒鳴られた店員がいかにもバイトで、しかも本屋や図書館に勤めてそうな（勤めてる人スンマセンな……）なんというか、人のよさそうな物静かなタイプの女の子である。アタフタしているだけ。

「マネージャー呼べ!! 処理できる奴出てこい!!」と怒鳴る客。

　そうして角刈りに極めて近い年配女性登場。この人、間違いなく処理できるわ……。角刈り女性は「何をゴチャゴチャ言うてんの!! 3列を1列にしたらエエんやろ?! それで済む話やろ!!」と出てきた。処理……粗っ!!

　そうして横入り組の2列の女達の背中を押し、元々あった1列に押し込んだ。

　違う！ 違う！ そうやない！

　すると後ろの方から「ちょっと！ 私らはちゃんと並んでんねんから、その横入りしようとした女達を、最後尾に付けるべきちゃうのん?!」と声がした。

　角刈りは「何〜?! ほんなら、もうエエ!! 好きにしたらエエ！ いつまでも並んでたらエエねん!!」とどこかへ行こうとした。

「ちょっと待てー!! 仕事してへんやないかー！」

「逃げるなー！」

「処理せー！」

「アホばっかり揃えやがってー！」

「髪型だけかー!!」などなど……。

こうして角刈りマネージャーはどこかに消え、しばらくして紙を持って戻ってきた。そして最前列の人に「ここが最前列」、真ん中の人に「ここが真ん中」、最後尾の人に「ここが最後尾」と書いた紙をプラカードのように持たせ、1人進んだら次の人に託すという、まさに客を使うアイデアを考案。

客は「はあ？ コレ、客の私が両手で掲げんの？」と怒るも、角刈りは「これで横入りがなくなるなら、それで本望でしょうよ？」と言い切り去っていった。一瞬、騒然となったが、皆ちゃんと守っていた。

この強さ……イギリス人女性の誇れる部分やと、私は思いました。

ちなみに、この言い合い、1時間半も続いとったんですわ……。

歴史を知っておくこと

13年前、私はオーストラリアに住んでいた。

20代半ば、当時の同僚が「ワーキングホリデーに行くのが夢やねん」と言った。それまで「ワーキングホリデー」すら聞いたことのなかった私は、それがなんなのかを説明してもらった。英語が話せる人しか外国に住んだらアカンと思っていた、実に情報不足な自分の中に、「ほな、英語が喋られへんでも、行って暮らせるんやな」というなんの根拠もない自信が芽生えた。そうして、「同じ1年を例年同様、遊びと飲み会、コンパに明け暮れて過ごすのならば、1年で見れる限りの他の世界を見てみよう」と思い、その数ヶ月後、私はオーストラリアに飛び立ったのである。

当時ちょうど映画の『パール・ハーバー』が上演されており、ハンガリー人、中国人、イタリア人と私の4人で観にいった。ハンガリー人の友人が「あんた日本人やけど大丈夫?」と聞いたが、「大丈夫やろ〜」と行った。あるシーンで日本がやられる場面があったのであるが、その時は客席から歓声と拍手が上がったのを今でも忘れない。その時になり、初めて「真珠湾攻撃」について、日本がどう思われているのかを知った気がした。

外国に住むと実感するのが、ヨーロッパ人の戦争に関する歴史の知識の深さである。それが正しくともそうでなくとも、とにかく詳しいと実感することが多いのと、話したい人が多いということ。特に戦争関係の歴史は、もうエエっちゅうねん!!というレベルまで論争したがる傾向にあると私は思う。

オーストラリアで初めてできた友人は、セルビア人であった。近所に住んでいたこともあり、毎週水曜は映画を観にいき、学校のあとは一緒に海辺を歩いた。彼女はアメリカを憎み嫌っていた。「アメリカが私の国をあんな風にしたから」と言ったが、歴史に無知だった私は「そうなんや……」程度しか理解できなかった。当時、私はパソコンも持参しておらず、たまに図書館で本を借りる程度だったから、慌てて調べた記憶がある。

同じクラスにいたベトナム人男性もアメリカを憎んでいた。

その後、ハンガリー人と友達になった。彼女は法学部の学生だったが、既に司法試験に合格し、3ヶ月だけオーストラリアに来ていた。彼女はひどくロシア人とドイツ人を嫌っていた。同じクラスに、とても感じのよいドイツ人の女の子がいたのであるが、完全に嫌っていたため、多分一度も口はきいていないはずである。

これも戦争の歴史からくるものであるが、恥ずかしながら、私はハンガリーの歴史も知らなかったから、20代半ばにしてその歴史を知ることとなった。

ブログを書いていると、月に数件「もうすぐ国際結婚で渡英します」とか「婚約したので○○に行きます。心構えなどありますか？」とメッセージをいただく。

私は国際結婚のエキスパートでもなんでもないが、過去の海外経験からして、せめて自国の歴史と近隣諸国の歴史、特に戦争ごとを含む内容は、知っておいた方がいいと思う。

知らないと、相手が間違った&偏った知識でなんやかんやと言ってきた時、言い返せないからである。私の場合、セルビア人やハンガリー人の友人からは「なんで知らんの？」程度で終わったが、まあ念のために調べておくのはいいであろう。ただでさえ、欧米人からは「日本人はなんの歴史も知らん」と思われているから、それもなんか悔しいやん……？と思うのだ。

ババアに囲まれよう

「どうやって英語を習得したか？」とよく聞かれる。私は9ヶ月だけ英語学校に行ったが、週1日の午前中のみ。意味があったかといえばないが、友達ができたのは収穫といえようか。私の英語をここまでにしたもの……それは職場のババア達である。別に働く必要もないが、退職した夫といるのは暇。デパートで働いてたら化粧品など30〜90％で買えるし、何より気晴らしに来てまんねん的なババアが多い職場だから、なんせ喋った。ただただ週5日、喋った。そうして私の英語は上達したのだ。だから読み書きは最低レベルのまま。

「どうしたら話せるようになりますか？」の答えは、私の実体験をもとに答えるとしたら、「ババアに囲まれよう」である。ババアに囲まれて日々を過ごせば、話す力はつくであろう。しかし、それが大学や実生活に役立つのか？と問われれば、それは知らん。

私はババアに囲まれ、ババアに救われた。そのような環境を探すのが先か、地道にバランスよく英語力を身につけるのが先か……。私はババアに感謝している英国生活である。

水圧がおかしい

買い物から帰ると、うちの玄関のすぐ前に、まぶしく輝く青色のスプレーで長い四角が書かれてあった。

何コレ？　何かイタズラやろか……と思いながら家に入ると、玄関のポストに手紙があった。物凄い汚い字のアルファベットであったため、私では読めず、旦那が帰ってくるのを待った。旦那が読むと、それは市の人からで、「ここに水道管を掘ります」とだけ書かれてあった。「これについての質問は、電話で受けます」と書いてあったのだが、忙しくて放置していた。

すると隣に住むご主人が「これ、なんなん？」と聞いてきた。

「うちもわかりませんねん。せやけど、水道管掘るらしいですよ」と答えたのであるが、気になったご主人が電話して聞いた。返ってきた答えは、「この村の水道の圧がおかしいので、直ちに新しい水道管を掘り、それを調整するため」であった。

その後、しばらく経っても水道管は掘られず、その鮮やかなスプレーがキラキラまぶしいだけ。あんなに緊急を要す感じの手紙だったのに、誰も来ない。圧は放置して大丈夫なのであろうか……。いったいいつになったら工事が開始されるのか誰もわからない。

手紙が届いてから約1ヶ月後。買い物から帰宅すると、青色でマーキングされた箇所は掘り起こされ、再び埋められた跡が残っていた。隣の家のご主人曰く、「工事終わったらしいで」とのこと。結局、この村の水道の圧が下がってきたため、ここに水道管をどうのこうの……との説明であった。

自宅に入り、夕食を作ろうと水道の蛇口をひねると、物凄い勢いで水が出た。それはまるでコントのようにである……。顔からへそあたりまでベッチャベチャ……娘が「どうしたん？」と聞く。

こっちが聞きたいわー!!

とにかく、お風呂をためる時も滝のように水が出、蛇口をひねれば跳ね返る。そのため、水を出そうとしながらも身体を離し、水が出た瞬間にそこから離れなければ、服がビチャビチャになってしまうわけである。

隣のご主人など、家の前の芝生に水をまく時、ホースを伝う水圧が強すぎ、ホースがひとりでに動き出し、制御不可能になっていた。

消防訓練か!!

旦那は「これで水圧の強いシャワー浴びれるわ」と喜んでいたが……。

圧にも程があるわー!!

豪華なスピード違反者講習

ワタクシ……スピード違反してしまいまして……。

4キロオーバーで罰金85ポンド(日本円で1万3千円くらいかな)。しかも、もし免許証の点数を引かれたくないのなら、4時間講習も受けなあかん。

この講習、5月末までに受けなあかんのであるが、カーライルは「6月までいっぱい」とのこと。というわけで、ここから40分ほど南下したケンダルという町なら空いているとのことで、そこで受けることになった。

講習の場所は、なんとリゾート地として知られる湖水地方の4つ星ホテルで行われた。スパ、温水プールもあり、ティーラウンジでは本格的なアフタヌーンティーもやっている、ちゃんとしたホテル。ここの結婚式などをする豪華ルームで講習会である。

罰金高い思たら……こんなエエとこで講習すなー!! せやから高いねん!!

めちゃめちゃエエ茶器セットで紅茶も飲み放題。しかもホテルのスタッフがやってくれる。なんや……ちょっと楽しいお茶会やな……。罰金は痛いが、なんかエエ。カーライルで受ける人は2つ星ホテルの茶も出ないビジネスホテル。しかし同じ罰金額。なんか……お得感……。

さて午後2時から行われたスピード違反者に対する講習会。全部で24人ほどであった。男性が多いと思いきや、半分は女性でしかも50代以上。

今回の講習会は規定速度を1〜10キロ上回った者に対する講習会である。ならば10キロ以上の違反者はどうなるか……なんと、その人達は講習は受けなくていい。

逆ちゃうの?!

理由は、「10キロ以上もオーバーする者に、講習してもしゃーない」というものである。もうそんな奴はアカンとわかっててするんやから、講習してアカンと問うても意味がない。それよりも、高額の罰金払わせといたらエエねん……という見捨てるシステム。なんか納得やな……。

なかなかのラグジュアリーなホテルでの講習は4時間で、お茶タイムが2回。ホテルの円卓には生花と炭酸入りの水が置かれてある。お茶タイムにはコーヒー、紅茶、モカ、ラテ、カプチーノ、もちろんコーラなどなど……ボーイさんに言えばなんでも持ってきてくれる。

私は60代の見るからにお金持ちマダム〜な女性と一緒のテーブルになった。話す英語が貴族のようで、そこに興味をそそられる。

まずこの人が、講習会の冒頭で「炭酸入りの水しか飲まないの、私」と言ったので、うちのテーブルだけワイングラスと炭酸入りの水が来た。

さて今回の講習会、ほとんどが40代以降である。そのため、この人達が免許を取った時、今のように学科試験というものがなく、先生の質問に3つ答えれば学科は合格とされていた。従って、ちゃんと学科を勉強しておらず、標識を把握していない人も驚くほどに多い。

先生が「はい、これなんの意味？」と聞いても「知らん、見たことない」と答える。

「見たことないことないやろ‼」

「知らん……習ってへん。俺らの時代は、そんな標識なかった」

「あるある！ あったはず！」

私の横のマダムなど、「高速道路は制限速度がないと習った」と言い張る。

先生「そんなはずないやん‼」と失笑。

マダム「いいえ、私が免許を取った19〇〇年、その時の講師はそう言いました」と譲らない。「だから私は、今日までそうしてきたし捕まったことなどなかった。はっきり言って私のせいじゃない」と言い切る。

講習中、標識クイズと題された、要するに最低限知っとかなアカン標識問題が出るが、答えられるのがせいぜい2人ほど。これが私のツボにはまってしゃーない。

1人1人、何故今回スピード超過したのかを話す時間があった。

「仕事に遅れそうだったから」「急いでいたから」「喋っていたから」……。ちなみに私は、後ろの車にべた付け（自分の車の後ろにベッタリと張り付かれ、早よ行かんかい‼とあおられること）されて4キロオーバー。

4時間ものあいだ、ほとんどが知っておくべき標識のこと。そしてスピード超過が、いかに事故と死につながっているかを学ぶ。実際に車にはねられた子供の写真や映像を見た。事故を起こした者のその後の辛さ。家族をとられた者の辛さ。どちらにもなりたくない。

ならば1人1人が気を付けるだけで、これはなくなるという話を聞く。

先生が「後ろからベッタリ張り付かれても、それはそれ。あえてゆっくり行ったらエエねん。そういう奴は、どこかで事故を起こしよる。誰にでも張り付いて走りよんねん」と言った。

田舎の夜道で街灯がない場所。後ろから男の乗った車が、私の車にベッタリと張り付く。追い抜くわけでもなく、とにかく張り付いてきた。不気味でつい、振り切ろうとしスピードを上げたらカメラにとらえられた。しかし、これも言い訳になる。要するに超過したのは私の責任である。長年運転していると、慣れてしまうことがある。こういう機会を与えられ、とても学ぶことが多かった。

お茶タイムで出されたクッキーがあまりにも美味しく、生徒全員が「もっと出せ!!」と言い、更に楽しい茶会講習であった。

しかし……違反はあかん!!

譲ったわけではない

さて土曜は、元同僚で友人のヒラリーとランチへ。いつものようにH&Mに立ち寄り、いろいろ見て回りながら、店員を観察する私達。「なんであんな態度悪いのに、クビになれへんのやろ?」と言いながら……。もっと気持ちよく買い物したいもんやなと、イギリス人のヒラリーと言いながら、買い物をするのである。

夕方6時、ヒラリーの車で家まで送ってもらう途中のこと。左の路肩から、ババアの乗ったワゴン車が突然目の前に飛び出してきた。急ブレーキをかけ、こちらの車はストップした。ババアは譲ってくれたと思ったのか、私達の車の前をゆっくり横切り、反対車線に入っていった。しかも私達に満面の笑みを浮かべ、手を振りながら、今から自分が割り込もうとする反対車線を全く見ずにである。

ババアの割り込む車線の向こう側から、男性の乗った車が来た。しかしババアは見ていないので気付かない。

あー！ ぶつかるー‼ ぶつかるでー‼と、思わず絶叫した私達。

男性の車は急ブレーキで停車。ババアの車は再び私達車線にバックで戻り、こちらも立ち往生。反対車線も立ち往生となった。

さて男性、当然「危ないやんけー‼ どこ見とんねん！ アホが‼」となる。ババアはそのまま行こうとしたが、男性に前を立ちはだかられ、停車。完全にババアが100％悪い。

ババアが詫びる様子がないのと、私達の車に向かって笑顔で手を振ったため、知り合いと思ったのか、男性がこちらに向かって怒鳴ってきた。ヒラリーは「こっちも急停車で迷惑したんじゃ‼」と反論。「知り合いちゃうわ‼」と言い、男性は納得。

事故ではないので、警察を呼ぶ必要はないが、狭い車線の真ん中でババアのデカワゴンが横に停車しているため、大渋滞となった。

ババアは「皆さん、譲ってくれてありがとう」と言い、去っていった。

譲ったんちゃうわ‼

ババアを見ながら考える。うちの義母もこうやって、皆様に支えられ、皆様の温かい譲り合いの気持ちで無事故無違反できたのだと……。

イギリスの結婚式に参列する

土曜日は、旦那家族が昔から親戚以上に仲良くしてきた家族の長男の結婚式であった。朝8時に義母と娘を美容院に送り、私は自宅に戻って自分で巻き髪をセット。ハッキリ言って、こっちの美容師にセットを任せて金を払うより、10代から髪を巻いてきた私の方が絶対に上手いと思っている。

娘は編み込みで可愛く仕上げてもらった。私は編み込みができないので、これはプロに任せるとして、義母の仕上がり……。セットしたんですか？と思う普通の出来栄えで、義母もガッカリ。あとで私がやり直すことになった。

宿泊はスコットランドのホウィックから、更に車で15分ほど。そこには宿泊施設が2つしかないのであるが、チェックインするなりドレスに着替え、義母の頭を巻き、集合場所であるパブにレッツゴーであった。

旦那の一番上の兄夫婦は結婚式で着る服にアイロンもかけておらず、靴も磨いておらず、ホテルの人に助けてもらうという多大なる迷惑をかけ、義母を怒らせていた。祝儀袋も買っておらず、ホテルの人が、たまたま持っていたのを拝借できた。

ほんま、こういう時に準備してこない人が信じられないA型の私。

パブでガンガン飲んで、仕上げてから式に向かうのがスコットランド流結婚式である。飲めや飲めやで皆がなかなかの仕上がり具合になったところで、式場に貸切バスで向かう。

式はホテルから更に車で走ること40分。山の中にたたずむデカい家で行われた。新婦の叔母の家らしいが、ベッドルームは10室。3階には25人収容の映画室があり、ダンスルームやスヌーカー（ビリヤードみたいな遊び）ルームなどなど、金持ちの住む家とはスゲーなーとしか言いようのない家で行われた。キッチンも厨房レベルの広さで、巨大な業務用オーブンが3つあるのにも驚く。

もう完全に皆が出来上がった頃に式は始まる。シャンパンをグイグイ飲みながら新郎新婦の入場を迎えるあたり、日本の堅苦しい感じとかなり違う。

しかしながら、この歳になると人の結婚式に涙してしまう。自分が結婚するまでは、人の結婚式で感動して泣くこともなかったのに、最近は娘を送り出す親の心情と、嫁を迎えるまでに立派に成長した息子を見る父親の喜びの眼差しを見るだけで泣いてしまう、完全にババアの私。いやー結婚式はエエですなー……。

式は3時から30分で終了するも、披露宴は6時から。それまでは、再び飲め飲めの連続。旦那と私は新郎の姉の横に座ったのであるが、我が弟の結婚式に感動しすぎて既にヘベレケ状態の姉。私の肩を抱き、私の頬をベロベロ舐めていた。

披露宴は翌朝の3時まで行われ、もう完全に記憶のない状態で朝を迎えるのであった。今回の式で、祝辞を述べる役割だった姉は、ヘベレケになってしまったにもかかわらず、千鳥足で前に赴き「永遠の愛」とか「譲り合い」「尊敬し合うことの大切さ」などを語り感動を呼んだ。

かくいう姉は、5年同棲して結婚した相手と3ヶ月で離婚したバツ1女であるから、聞いててなんの説得力もないところがよかった。祝辞の最後に「こんな私が言うのもなんですが……」と言っていたから、本人が一番辛かったと思うのである。

離婚率の高いイギリス。是非とも、永遠の愛を保ってほしいものである。

分け合う日

イギリスでは、10月になるとラジオやTVで「クリスマスに貧困を理由にプレゼントがもらえない子供達のため、靴箱に気持ちだけのプレゼントを詰め、寄付して下さい」という内容のCMが流れる。これが世界の子供達に届けられるのである。

今回、娘も学校からの要請で、靴箱にプレゼントを持参することになった。自分が大事に使っていた衣類とぬいぐるみ、未使用の歯ブラシと歯磨き粉、未使用のノートと色ペン、お菓子、ヘアブラシ、ヘアピンなどを詰めた。

映像の中の子供達が見せる喜びの笑顔は、なんとも美しい。私はキリスト教徒でもなく、熱心な仏教徒でもない、いわゆるありがちな日本人である。縁あってイギリスに嫁に来てからは、嫁ぎ先の家庭に合わせてクリスマス当日に家族と食事はするが、じゃあキリスト教徒なのかといわれれば違う。

しかし、こういう活動に1つのプレゼントを託し、世界のどこかでプレゼントを喜んでくれる子供に手渡されることは、送る側の子供にとっても、幼き頃から慈善に携わるよいキッカケとなるに違いない。

このボランティア活動には、アンチキリスト教の方々の様々な意見もあるみたいである。しかし、単純に年一度のプレゼントをもらえることを楽しみにしている子供達に届けられるのならば、ここはひとつ宗教うんぬん語るのをやめ、彼らの笑顔を見ようじゃないかと思わされるのである。

カーライルで仲良くしている友人は、毎年クリスマスになるとパンやケーキ、ジャムやチーズを届けてくれる。全て手作りである。農家の家庭に育った彼女は、「これが昔からの本当のクリスマスだからね」と言う。日頃貧しくても、クリスマスという1日だけは食事にありつき、誰もが幸福を感じる時間を共有しようというのが本来の意味だと彼女は教えてくれた。だから今も、送り合うのは香水などではなく、食べ物なんだと言う。

以来、キリストを信じていなくとも、クリスマスという日を温かく過ごせるようになったのは、彼女のおかげかもしれない。

Chapter

2

FOOD DIARY

2章

食の日記

イギリスで朝に何を食べるか

イギリスでの一般的な朝食はトースト、シリアルなどが中心。平日の朝食は基本、火を使わず、あくまで手軽さ重視。週末はベーコンや卵を焼いたりと、調理した朝食を取る人もいる。

おやつは職場の人を観察する限り、ポテトチップス派と、果物やヨーグルトなどの健康志向に分かれる。私も林檎を丸かじりしていた。ポテトチップス派は朝の結構早い時間から食べている人もいる。

夕食は人や家庭環境により、全く違っている。きちんと作る人もいれば、平日は朝食同様、あくまでシンプルかつ手軽で手早く済ませたい人も多いかもしれない。

週末は外食や出前、日曜日はイギリス伝統料理である「サンデーロースト」を毎週食べる家庭も多い。「サンデーロースト」とは、オーブンで焼いた肉、芋、野菜などを盛り合わせたもので、とてもボリュームがあるごちそうである。

人や家庭によるが、夜食を取ることもある。私の嫁ぎ先では、義父がサンドイッチを食べていた。

アメリカやオーストラリアもそうであったが、スーパーにはとにかく出来合いの料理が多い。オーブンに入れたら出来上がり系の冷凍食品と缶詰食品の充実度は凄い。缶詰に入ったトマト味の「スパゲティ」も売っているのだが、皿に移したらすぐに食べられるので、これを子供の弁当代わりに持たせる親も幼稚園でよく見る。

食品に税金が課せられていないので、日本より食材は安く買えるが、ほとんど輸入に頼っているため、特にスーパーで買う野菜は美味しくないものも多い。しかし、日本に比べて圧倒的に品数も多く、１つの食材に対して選択肢が多いのも特徴。例えば「小麦粉」もいろんなメーカーのものがピンキリの値段で置かれてあるし、オレンジジュースや卵なども、鶏の飼育環境やエサにより値段の差がある。

普段の食事はそんな調子で比較的シンプルであるが、記念日には豪華な食事をすることが多い。18歳、30歳、40歳、50歳などの節目の誕生日や結婚記念日には、ホテルや飲食店を借りて大掛かりなパーティーをしたり、ちょっとおしゃれで高めのレストランを予約したり、ホテルに宿泊するケースもよく聞く。が、カーライルにおしゃれなホテルも何もないので、あくまで都会の人の話である。

私はここ2ヶ月ほど、パンを食べていない。もう飽きたからである。くる日も、くる日もサンドイッチを見、食べていたら、サンドイッチが本当に嫌になってきたのである。

外国人風にシリアルなど……冬の朝の台所は、横切るのも嫌なほど凍りつく寒さであるから、冷蔵庫の牛乳など飲めるはずもない。で、日本風にごはんである。バッサバサではあるが、米の味はするから、炊き立てをガガーッと食べたら、結構イケル。

私が毎朝米を食べていることは、当然イギリス人には理解できず、「ええ〜?? 朝に米なんて、食べられない」と言う。しかし、私にしてみたら、朝の9時から、ポテトチップスを1袋食べるなんて、こっちこそ無理!!だと毎日、思うのである。

ランチはディナー

「生きた英語教えます‼」などと書かれた、英会話学校の広告を見かけたことが、以前あった。

そのようなところに通って学んだ英語はほんの少し身についたものの、生きた英語とは現地でのみ学べるものだと、私は信じている。

昼食は「ランチ」とも言うが、ここで私が知るイギリス人達は「ディナー」と呼ぶ人も実に多く、来た当初は昼食を指しているのか、夕食を指しているのか、戸惑った。

では、夕食のことはなんというか。

ズバリ「ティー」である。

初めの頃、半信半疑ながら「お茶?」と訳していた私は、「夕食は何時がいい?」と聞かれていたのを、「何時にお茶を飲みたい?」と聞かれたと勘違いし、「じゃあ……7時」と適当に答えていた時期があった。

別に、お茶を7時に飲みたくなるかどうか自分でもわからないけど、聞かれている以上、そういう「お茶」の時間が設けられるのか……などと思っていたのである。

また、私の住む場所はスコットランドにほど近いため、「サンドイッチ」を「ピース」と呼ぶ人も多い。

これを知らないうちは「ピース持ってきた？」と聞かれた時に、「平和を持ってきたか？」と聞かれていると思い、真面目に「平和主義です」などと答えてしまって大恥をかいたことがある。

こうして、暮らしていくうちに、ランチは「ランチ」とは呼ばないこと、ディナーは「ティー」と呼ぶことなどを、現地で学んできたのである。

肥満大国

ここ数年前から、急激に肥満が深刻化したイギリス。毎日のようにTVではダイエットについての番組が流れているも、効果なし。イギリスが最も野菜を食べない国だとニュースでやっていた。

数ヶ月前も、小学6年生の男の子が食べることを制限できないので、胃を半分にする手術を受けていたのを見た。

新聞にはイギリス女性の服の平均サイズはXLだと載っていた。日本なら、多分Mサイズくらいになるのではないかと思う。平均がXLって凄いな〜と思いつつ、職場にも痩せている人が30人中4人ほどしかいないので、それも納得。

職場の女子のランチは主にマクドナルドかサブウェイ。更に食後に食べるポテトチップス1袋とスニッカーズ1本で、ランチタイム1時間はフルに活用される。

しかも、そのうち2人は20代にして、既に糖尿病。

駄目なのは、糖尿病にかかった場合、医療費が全て無料になってしまうこと。これを逆に「ラッキー」だと言ってしまう人も多いから驚く。

肥満の原因は、イギリスの専門家や料理人達が警告しているように、出来合いのものを食べすぎることと、野菜を取り入れた家庭料理が作られていないことだといわれている。学校給食などは野菜を美味しく食べやすいように工夫されていないため、野菜嫌いの子供や家庭内で食べ慣れていない子供は食べないまま放置。日本のように美味しく工夫されていたり、栄養面を重視されていないのではないかと思うし、そこまで学校が負うべき責任ではないという考え方もあるのかもしれない。

ここ数年の日本でもそうであるが、一部の女性達はモデルやタレントのような体型を目指すべく、過度の低カロリー食を徹底している。

その反面、幼少期から小児肥満と診断される子供達も増えている。イギリスの小学校でも体重と身長測定があり、肥満児の保護者には手紙で警告がなされるが、だからといってダイエット食に切り替えている様子も見られない。

日本人ほど「細さ」や「健康志向」に重点を置いておらず、食べたいものを食べて楽しく暮らそう的な考えが文化的背景にあるのかもしれない。

医師が必要と診断した場合、ここでは無料（我々の税金負担）で胃を半分以下にする手術が受けられるが、子供が受けるケースなどを見ると、そこに至るまでになんとかならなかったものかと考えてしまう。

妊娠がわかった時点で100キロ前後の妊婦が半分以上を占めるイギリスの現状。しかし以前、妊娠した時に助産師から聞いたのであるが、「少し痩せなさい」「これ以上、体重を増やしてはいけない」という言葉は差別になってしまうため、「言えない」とのことであった。

こうしたことからも、本人の意思でダイエットにつなげるしかないのだと思う。

イギリス流？ビーフシチュー

私は、義母が作る「ビーフシチュー」が、どうしても食べられない。

イギリスに嫁に来たばかりの頃、義母が「イギリス料理を全て味わってもらう」と言い、毎日いろんなものを作ってくれていた。そうして日ごと私は「これはイギリス料理が美味しくないのか……それとも義母の腕か……」と頭を悩ませながら、少しずつ状況を理解するようになっていった。


その中でも、「ビーフシチュー」は特別である。

日本人の知る「ビーフシチュー」では100％ない。


作り方は簡単。根菜類と肉を水から2時間ほど煮て、終了……。だいたい4〜5リットルの水を入れて煮込むが、固形ビーフブイヨンは1個だけ。あとは塩＆コショウもない。

味を適切に表現するならば、カレールーを投入する前のアレである。野菜と肉がしっかり煮込まれた、「さあ!! 今からどう味付けすんねんー!!」というところで、料理終了〜！！！

これは、私にとって「野菜肉汁」である。

イギリス人は、「灰汁《あく》」を取るなどしない。肉を先に炒めておいて、肉の旨味を閉じ込めて……など手間はかけない。ただひたすらに、煮込むのである。どんな食べ物も世界で食してこられた私も、これだけは喉が閉じてしまい、絶対に身体が受け付けない。

不思議なのは、うちの旦那である。

日本ビーフシチューも「美味い」と食い、イギリスビーフシチューも「美味い」と食う。こいつの味覚はどういうシステムで稼動しているのであろうか……。別物として認識され、イギリスで食す時はイギリス人の味覚になれるのであろうか……。

しかしながら、イギリスビーフシチューを食す時、旦那はケチャップとウスターソース、塩&コショウをガンガン混ぜてから食べる。

やっぱりマズイと思っとったんやないかー!!

めちゃめちゃ味付けしとるがなー!!

鮮魚売り場にて

いつも行くスーパーの中にある、鮮魚売り場は、火、木、土曜に新鮮な魚が届くようになっている。

土曜日は、タコやイカが入荷されるから、たこ焼き好きの私は、タコを買うため、たいてい土曜に買い物に行くようにしている。

先日、ここに大きな魚のヒレだけが売られていた。皮も処理され、綺麗な身が3枚氷の上に並んでいた。

私は旦那に「これ、どうやって食べんの？」と聞いてみたが、旦那は知らんかった。

魚屋に聞けばエエねんと思い、「これ、どうやって食べるんですか？」と聞いてみた。魚屋の兄ちゃんは「さあ、売ってるだけで、食べ方は知らんわ。僕、魚嫌いやから」と言った。

マジかー！！！

すると、カウンターで魚を選んでいた老人男性が「これはフライが美味しいよ」と教えてくれた。

日本なら、先程の発言を客にした時点で、間違いなく上司から「ちょっと……後ろ来てくれるかな？」と呼ばれるであろう。しかしイギリスは違う。知らんものは、正直に言うてエエのである。

結局、いつものようにタコを買った私であるが、気持ち悪そうにタコを袋に入れていた兄ちゃん。

なんで魚屋で働くことを選んだんや……？

料理番組

普段TVをほとんど見ない私であるが、たまたまアイロンをかけながら、旦那がつけっぱなしにしていたTVをそのままにしていた。料理番組が始まったので、まあ興味がない分野でもなし、ちょっと見ながらアイロンを続行。

金髪のおばちゃんが登場し、「誰もが難しいと思う、シュークリームを作ります」と紹介した。作る工程がなんとも外国人らしく、ちょっとずつ材料を入れて固さを見るとかではなく、全てをガガーッと混ぜるだけであった。

生地を天板に並べ、オーブンへ。

おばちゃんが「はい、これが今焼き上がったばかりの、シューです」と紹介し、シューを裏側にした。

裏には直径2センチくらいの大きな穴が開いている。全てのシューを裏返しにして見せた。全て、大きな穴がある。

おばちゃんは「とても上出来ですね。この穴から、クリームを入れていきますからね」と言った。

これ、エエの？ 裏に穴が開いていたら、クリームを入れて裏返した時、クリームが落ちてくるやんか……。ほんで、食べにくい。

おばちゃんは、次々にシュー生地にクリームを裏から入れて、綺麗な皿に盛り付けた。司会の人が「じゃあ、いただきましょう!!」と言い、シュークリームを1つ手に取ると、案の定クリームがボタッ!!と落ちてきた。

それを瞬時に手のひらで受け止めた司会者は、シュー生地を食べたあと、片手に乗っかっていたクリームをベローンと舐め、笑いながら「楽しい食べ方の、シュークリームです」と感想を述べた。

司会者も、オカシイと思とるがなー!!

乾燥系カフェ

街で買い物をしていたら、義父母の車を見つけた。障害者手帳を持っている義父は、どこでも車を停めていいことになっているから、大手チェーン店の前に、堂々と停めているのですぐにわかる。

携帯に電話し、近くのカフェで待ち合わせることに。このカフェ、雰囲気はカーライルで抜群である。しかし、ケーキとスコーンがド・素人!!が作ったようなパサパサケーキで、何日前のケーキやねん！！！と、焼きたてでさえ思うほど、乾燥系ケーキが得意なカフェである。

カフェに行くと、既に義父母はスコーンを食べはじめていた。マズイのに……と思ったが、案の定、義父が店員を呼びつけ、「ちょっと、このスコーン、パサパサにも程があるで」と言った。

私も食べてみたが、やはりいつも通りである。スコーンと言うより、分厚いクッキーである。

義父は店員に「どうして、こんなにパサパサなの？」と聞いた。店員は「ああ、今日は焼きすぎたとキッチンスタッフが言ってました」とアッサリ答えた。

それでも出すかー!!

義父は笑いながら「焼きすぎたスコーンは、出したらアカンやんか！ お客からお金もらうねんから！」と言った。すると店員も笑いながら「そうなんですけど、クレームを言われたらお金はいただかないようにして、そのままスルーしたお客さんからは、お金をもらってます」と言った。

義父は「いいねー!! 正直だねー!!」と気に入った様子。

結局、スコーン代は取られた。

なんでやー!!

イギリス風スポンジの難しい配合

昨日は旦那の誕生日であった。当日、私は仕事があったので、前日の夜にデコレーションケーキを作っておいた。

私達だけで食べるなら、間違いなくフワフワ&やわらかさ重視の日本風スポンジを焼くのであるが、今回は義父母も食べるため、イギリス風に近づけたスポンジでなければならない。決定的な違いは、まず甘さ&重厚感である。砂糖の量は2倍、そしてずっしり&しっとり&重いスポンジでなければウケが悪い。

従って両方を取ると、キメの細かいスポンジやけども、しっとりしていて重すぎず軽すぎず、そして甘すぎず控えめすぎず……。

この配合に6年目にして、やっと近づけた。義父から「このスポンジは美味い!!」と絶賛されるまでに、6年もかかったのである。

とはいえ、これが全てのイギリス人にウケるわけでもなく好みであるから、あくまで旦那家族に認めてもらえたというだけである。これを今後も改良し、更にふんわり感、しっとり感、ずっしり感を完璧なバランスで含んだスポンジを研究する必要があるのだが……。

近隣に、あんなにスイーツが美味しい国がズラリと並ぶ中、イギリスはあくまで伝統的なスイーツを好む傾向にあるため、ここがなかなか難しいところなのだ。

イギリスの田舎に住めたおかげで、いろんな研究ができると思えば、これもまあ感謝するべきかなと思うようになった6年である。

寿司とホットチョコレート

旦那の目の検診があったため、自宅から1時間走った都市、ニューキャッスルまで出掛けた。

買い物する場所のないカーライルと違い、この町には靴屋がある、服屋もある。そんなわけで、久々に小さな都会の空気を吸うべく、旦那についていくことにした。これに義母もついてきたから、必然的に義父もついてきた。

検診を終えて数軒の日本食屋の中から、期待はできないが、それでも食べたい寿司を昼食に選んだ。

さて寿司を頼んだはよいが、驚くべきは義母が頼んだ「ホットチョコレート」であった。頼んだ瞬間、その組み合わせかー!!と仰天したが、寿司&お茶の組み合わせは日本人だからこそであり、日本の食文化など知ったこっちゃないイギリス人の義母にすれば、「え?何か?」となるのである。

なみなみ注がれたホットチョコレートの上に、4センチはある生クリームが乗せられ、更にマシュマロが色とりどりに積まれたタワー状のホットチョコレート。これをスプーンですくいながら、時々寿司をつまむ義母。

横にいた義父が「お前、ホットチョコレートて……」と言ったが、義父はミルクティーであった。

ミルキーつながりで、そない変わらんけどな……。

結局、義母はホットチョコレートを2杯も飲んだ。

なんであろうか、この2人が飲んでいる、予期しなかった飲み物が視界に入ったからか、どうも寿司が美味くない。見慣れていないせいだと思うが、寿司と生クリームの調和を楽しめる義母は、イギリス人だからなのであろうか……。

妙な疑問を残しながら、家路に着いた。

田舎のお茶会

毎月恒例、友人宅でのお茶会出席のためにブルーベリーヨーグルトマフィンを作った。お茶会は、夫と子供を送り出したあと、昼食の用意やお迎えの時間までを活用し、女だけで集まる、座談会的なものである。甘いものを堪能しながら生活全般の愚痴や世間話をする。週1で開催される場合もあるが、このお茶会はたいてい月1程度。クリスマス前や学校が休みの期間などは皆忙しいので開催されない。

私が参加しているお茶会は、ファーマーズワイフと呼ばれる、酪農や畜産業を営む夫を持つ奥様達が出席するため、皆、料理の腕前はかなりのもの。そのため手作りのスコーンやケーキ、ビスケットやクッキーなどを持ち寄ることが多い。

農夫の奥様は、朝は4時頃から起きている。そのため、お茶会も朝10時から開始される。

そもそも、この農夫とは無関係な私が、何故このお茶会に参加するようになったのか……。それは私が勤めるデパートで5年前に出会った同僚の縁であった。

当時、私には別の同僚の友人が1人だけいた。この友人が私を常に助けてくれ、気にかけ、いろんなところへ連れ出し、出会いを作ってくれた。しかし、日本人と会う機会のない日々は孤独で疎外感を感じ、時にあうアジア人差別から、常にホームシックにかかっていた私であった。

そんな時、パートで新たに入社してきたのが、この農夫家族出身の友人であった。私の状況を理解し、家族ぐるみで付き合ってくれた。

彼女の家で開催されたパーティーに初めて旦那と行った時、私を宇宙人でも見るかのように、舐めるように見た田舎の人達。私が家に入るなり、会話が一瞬で止まってしまった瞬間……目を伏せそうになり、自信をなくしそうになった私に、彼女が「気にしないで。この人達は、外国人を見たことがないのよ」と言ってくれた。そうして「私の友達なの。日本から来て、英語がこんなに上手なの。凄いでしょ？　私達なら、たかが2年でこんなに無理よね。彼女、本当に偉いわ」と、あえて私を紹介しながら褒めてくれた。

そうすることで、アジア人を受け入れなかった人達が「ああ、あの子は頑張っているのね」と理解し、距離を置かずに話してくれるようになっていったのである。

これをきっかけに、私自身も前向きに行動範囲を広めるべきだと思うようになった。田舎暮らし……ここで生きるには、まず地元の人に顔を売ることである。そうすることで、私を知ってもらえる。そうして横へとつながりは増え、町を歩けば知り合いに必ず1人は会うという具合になった。これも私が、そして私の娘が成長する過程で、暮らしやすくするための術《すべ》である。

媚《こび》を売るのではない。

私を知らずして「アジア人」という理由で嫌われるのではなく、せめて知ってもらってから嫌われるなら納得できる。そういう思いから、今日まで参加してきた田舎のお茶会。日本人の少ない田舎暮らしのおかげで、ケーキも作るようになり、今ではケーキの作り方を教えてと、レシピを聞かれるようになった。

「この前、TVで日本のことやってたわ！　綺麗なところなのね」と言われれば、嬉しくなり、日本人であることに誇りを持てるのである。

【ブルーベリーヨーグルトマフィンの作り方】(12個分)

①オーブン190度で予熱開始。ヨーグルト(250㎖)、卵(1個)、サラダ油(60㎖)、バニラエッセンス(少々)をボールに混ぜる。

②そこに、小麦粉(260g)、砂糖(120g)、ベーキングパウダー(小さじ1)、ブルーベリー(100g/冷凍でも可)を加え、木ベラで混ぜる。

③マフィン型に9分目まで生地を流し込み、190度で20分焼く。

出来立てはふんわり、翌日はしっとり感が楽しめる。

バターの代わりにヨーグルトを使用するので、軽い口当たり。

4時で閉店します

先日の義母の誕生日、義母に食欲がなかったこともあり、私が持っていったケーキ以外は何も特別にしなかった。そのため、「今日は気分がいい」とのことで、昼1時に少し車で走ったところにある、カーライルの外れにしてみれば、若干お値段高めのレストランへランチに行った。

ランチ時とあって、まあまあの混み具合。とはいえ、客は40人ほどか……。フロアで働くスタッフの数も10人ほどで、接客も丁寧である。

さて1時に席に着き、全てをオーダー。義父母、旦那は前菜とメインを、私はメインのみ、娘は子供メニューから1品を頼んだ。

2時……まだ前菜が来ない。

40人ほどいた客は半分に減り、そないに忙しいわけでもないはずである。しかしイギリス人の義父母&旦那は、「まあ、日曜のランチはせかせかせずに食べるのが、英国流やからね」と気にしていない様子。

しかし、2歳の娘は空腹絶頂。席で大人しく1時間、シール貼りをして遊んでいたが、そろそろ堪忍袋の緒も切れそうである。私は店員に「すいません、子供の分だけでも早く持ってきてもらえませんか?」とお願いした。店員は「言うだけ言ってみるわ。でも無理かも」とだけ言い、そのまま帰ってこなかった。

10分ほどして娘の料理が来た。激熱であるが、急いでくれたので感謝である。


さて、そうこうして2時40分。やっと前菜が来た。

義父は「チェダーチーズのスフレ」をオーダーしたのであるが、結構な太り具合の女性店員が義父の前にスフレを置きながら「このスフレ、マジで美味しいわよ。本当にハマってしまうから、気を付けてね。だから私もこんな体型になったんだけど……ハハハ‼(と、ここで義父の身体を見て)あ、でも、もう気にしないかな⁈」と言って、向こうに行った。

義父の顔は真顔であったが、あながち間違ってもいないので、そのまま妙な空気が流れながらも食事開始。

いよいよメインが来たが、時間は既に3時15分。私と義父はミディアムレアに焼き上げられた分厚いローストビーフを堪能。「なかなかいいじゃないか」と義父も満足。

と、こうして食事を楽しんでいたら、店員さんがやってきて、「すいませんが、そろそろ4時で閉店しますので、急ぎめで食事をして下さいますか？」と言ってきた。

そんなん言うてまう?!

いや……いや……いや………たった今、熱々のメインが来たばかり。しかも「せかせか食べたいから、ゆっくり運んできてね」とも言うてないし、2時間も待たされメインを食べはじめたら「早よ食え」と言う……。

いや、ほんま……イギリス人尊敬してまうわー!!

私は聞いた時、ぶっ倒れそうになったが、旦那は爆笑していただけだった。

しかも「早よ食え」と言いにきたくせに、「デザートはいかがですか？ メニューお持ちしましょうか？」と聞いてきた。

早よ帰れて、言うたやないかー!! こんなところでデザートなど頼んだら、出てくるのが5時になるであろう。ほんま……ワケわからんねーん!!

それでも、この店は流行っているのである。まさに、英国ミステリーなのである。

日本の誇り

中国系スーパーに「うどん」を買いにいった。

いつもはパスタマシーンでうどんを手作りしていたのであるが、最近ちょっとメンドクサイ……。

お店に入ると、同じ歳くらいの白人男性がいた。

私が「うどんありますか？」と店員に聞いていると、男性が「アナタニホンジン？」と話しかけてきた。カーライルで日本語を話す白人男性はほとんど皆無に近いが、いたとしても日本オタクの可能性が高いと私は見ているため警戒した。

男性は「日本の即席ラーメンは神業だ」的なことを言った。

まあな……確かにレベル高いわな……。

旦那が日本に住んでいた頃、同じくイギリス出身で仲良しの男性がいた。

彼は日本に6年ほど住んでいたのであるが、1日2食を日清食品の「U.F.O.」で過ごしていた。彼は「U.F.O.は日本で一番美味い食べ物」だと言い、日本からイギリスに里帰りする際も「恋しくなったらアカンから」と言い、U.F.O.を持参して帰っていた。イギリスに戻った彼は、自営業で膨大な売り上げを上げており、ここ5年ほど遊んで暮らしている。世界中を旅し、そのたびに即席麺を試しているのであるが、いまだ「日本を超える即席麺の技術を持った国はない」と言う。

そんなん言われたら、ちょっと嬉しおますやん……。

確かに、私もイギリス生活を始めてからは、里帰りするたびに「チキンラーメン」と「どん兵衛」は欠かさず持って帰ってくる。

何気に気が付いた、日本の誇るべき食品なのである。

浸かるケーキ

イギリスは、ケーキと名の付く全てのものに生クリームをかけて食す。チョコレートケーキにも、もうなんにでもである。既に生クリームが挟まれてあるケーキや菓子にも、更に上から生クリームをかける。


今日は義母が銀行に行くのでお供した。

「今日はどこでランチするの？」と聞く義母。

毎回、私が「今日はここで」と決めるのであるが、前の職場の近くにある老人カフェ（と私は呼んでいるが、そんな名前やない）に行くことに。ここは、来ている客が全員老人で、働いているスタッフも老人ばかり。使用している食器や絨毯も年代物で、全てが老人風なので、そう呼んでいる。ここなら「ザ！英国ランチ」が食べられるから、好き嫌いの激しい義母でもチョイスがあるかと思ったのだ。

義母は「ステーキパイ&チップス」をオーダー。さて、来たのはいいが「気分が変わった。なんだかケーキが食べたい気分」と言い出した。

義母さん……またや……。

もう一緒にも暮らしてきたし、何度も旅行に行っているから、これは普通。さあ今から飛行機に乗り込もう!!という時になり「私、コーヒーが飲みたい」と言い出したことなど何度あったか……。

初めは驚いたが、これがツボにはまる私。オモローてしゃーないのである。

全く手をつけずに帰るのは、あまりにもお店に失礼。シェフがまたいい人なのである。私は自分のキッシュを平らげ、義母の皿も平らげた。もう腹はパンパンである。

お店を出てすぐ、私は「どんなケーキが食べたいですか?」と義母に聞いた。義母は「いつ? 日曜日?」と聞く。

いやいや、ちゃいますやん……。さっき「今日はケーキ気分」や言いましたやん。

「ああ、今日の今のことね? そうね〜チーズケーキは嫌だわ。スポンジケーキか……」としっかり義母の好みを聞く。もうミスは犯させない。何故なら、私の腹はパンパンだからである。

市場内にあるカフェ、一見「ここ大丈夫かいな?」と見えるが、ケーキの評判はいい。そこに連れていってみた。

義母は「ストロベリーメラング(メレンゲ)」をオーダー。店員が「クリームはどうします?」と聞いてきた。義母は「ちょっとだけお願い」と頼んだ。

さてテーブルに来たのは、なみなみと注がれた生クリームの中に入ったメレンゲケーキである。もう浸かってるやん……。

生クリームがかかっているのと違う。浸かっているのである。生クリーム1パックは間違いなく使用しているであろう。

しかし、こんな感じなのである。義母は「美味しいわ。なかなかエエ」と褒めてくれた。おかげで私はケーキを食べずに済んだのであるが……。

ステーキの焼き方

時々、義母の家でステーキを食べることがある。この時、肉の焼き方が好ましくないため、私は自分の分を自分で焼くようにしている。

私の焼き方はまず、肉に下味を付けておき、熱したフライパンで焼く。

しかし義母はそうではない。

冷たいフライパンに2センチほど浸かるくらいの油を入れ、肉を投入。そこで初めて点火する。この冷たいフライパンの油の中に浸った肉が、フライパンの中で移動する。それをただひたすら眺め、油が温まるのを待つ。

これがどうも、食欲を削がれてしまうのである。

しかし、誰も異議を唱えるものはなく、こうして義母は今日まで来たし、そもそも肉の焼き方に正解も不正解もない。ハンバーグも目玉焼きも同様、全てこの工程で行うから、焼き上がりは油がボトボトである。

これがイギリスの昔の調理方法なのかもしれないが、知る由はなし。

私が義母の焼き方に疑問を持つように、きっと義母も「あの子……変やわ」と思っているだろうか。

林檎の皮の剥き方も「変だ」と言われたし……。

私は林檎の皮を剥く時、まず4つに切り、それから皮を剥く。それに対し、義母は林檎を切らず、丸ごと上から下まで皮を剥いていく。実は、かつての職場のおばちゃん達も、この方法だった。

切ってから皮を剥く方がやりやすいので、この方法を取っている私であるが、義母からは「そんな皮の剥き方する人、初めて見たわ。見ていて落ち着かない」と言われた。

林檎の皮の剥き方に正解も不正解もないが……と思ったものである。

ウサギさばける？

いつものように息子が朝5時半に起きたので、ボーッとしながら朝食を与えていると、友人からメールが入った。ここにも早起きが!!

家族と身内全員で畜産業を経営する友人で、「ウサギいらん？」というメールだった。

ウサギ……イギリス人の好物ともいえようか……うちの旦那も大好きであるが、私は卯年ということもあり、好んでは食べない感じである。

「めっちゃあんねん、もらってくれたら嬉しい」と書いてあったので、「じゃあ、お願い」と送信。すぐに返信があり「何匹いる？」と来た。何匹て……と迷っていると友人から「1匹やったら足りへんで。身少ないから」と送られてきた。

ほな……3？ そんなもん？

そうこうして8時になり、再びメールが来た。

「さばける？」と一言。

スンマセン……絶対無理ー!!

「あんた魚さばけるから、ウサギもいけるで」と言う。

いやいや、それはちゃうわ……。

「Googleで調べたら、できる思うけどな」と友人。

いや……仮にできたとして、その画像を見る勇気も、それを静止しながらやってみようかとも思われへん……。

しかし、なんでやろうか。魚はバンバン頭を落とし、骨を抜き、皮を剥いで食すのに……同じことやんか!! せやのに、せやのに……なんでウサギはできへんのや!!と、友人は思うであろう。


「今回は処理して持っていってやる」と優しい友人。

なんなら、原形がわかりにくいシチューにして、出来上がりを持ってきてくれたらありがたいが、さすがに言いにくいわな……。

ウサギはなんというか、大腿部あたりの筋肉加減がなんともリアルというのだろうか。調理前の肉はやたらにツルッとしてて、なんとも動物感を感じるのである。

今日の夕方、持ってきてくれる予定。

豚の剛毛

牧場経営の友人から「絞めたての豚持っていったるわ」とメールが入り、届いたのは朝9時過ぎのこと。

前に私が作ったチャーシューに感動してくれた友人が、「持ってきといてなんやけど、アレ作ってくれへんか？」と言った。チャーシューのことである。

「朝5時に絞めた」といった新鮮な豚ではあるが、弱い針金のような剛毛が生え揃ったまま……。毛抜きで抜くなどのレベルではない。

一瞬考えるわけである。剛毛の付いた皮をナイフで切り取ってからタコ糸で縛るべきか……それとも、ひとまず煮てやわらかくなったあとに剛毛を削ぐべきか……などと。

友人は「これな、ライターで燃やしたら一瞬やで」と言う。

いやいや……臭いが……。ということで、庭に出て友人が剛毛を燃やしてくれた。

友人は11時に帰らなアカンということなので、圧力鍋でチャーシューを作り、タッパーに入れて持ち帰った。うちもチャーシューを2キロ分作り、小分けにさせてもろた次第。

昼12時、娘を幼稚園まで迎えにいこうと外に出ると、隣のご主人が前の芝を刈っていた。

「ネコ死んだん？」と聞かれた。

私「いいえ、家で寝てますけど……」と答える。

ご主人「あ、そう……？」と言う。

幼稚園に向かう車の中で、妙なことを聞かれたな……と考えた。

まさか！！！

剛毛処理のために燃やした臭いが、うちのネコを燃やしていたと思われたか？　いやいや、飼い猫が死んだら、ペット専用の火葬場にお願いしたりするやろう……と考えてもみたが、もしやご主人の家では、死んだペットを庭で燃やしているのだろうか……。

人の習慣など人それぞれ。犬、ネコ、ウサギ……と何匹も飼っているご主人のこと。「いちいち火葬場に金払ろてられるかー‼」と言いそうな感もある。

次は剛毛を公園で燃やすことにする。

クックタに茹でる

私の義母世代のイギリス人は、基本野菜を溶かす気かー‼というほど茹でて食す。イギリスに嫁に来たばかりの頃、この茹でられすぎた野菜を食べるのが苦痛だったこともあり、同居させていただいていた私から「これからは私が夕食を担当します」と申し出た。以後、夕食は私の担当となって1年を過ごした。

ちょっと硬めに茹でた野菜を、義父はとても気に入り、「僕も君風でお願い」と言われたが、義母は何も言わなかった。きっと嫌いなんだろうな……と思っていたが、あえて聞かずにいたのである。

さて今日、義母から「ステーキが食べたい」と言われたため、肉屋で指定の肉を買って届けた（もちろん、あとで清算してもろた）。ネイルサロンには車に乗って1人で行くのに、肉屋には行かへんのかい‼と内心思いつつ、まあエエかと車で走る。

付け合わせの野菜にと、M&S（英国ババアに人気の量販店。もちろん、私もババアなので常連）でアスパラを買っていった。

アスパラ大好きの義母であるから、それはそれは喜んでくれたわけであるが、さてグラグラ沸いている湯にアスパラを投入して20分。

まだ茹でてはる……。

「もうエエんとちゃいます？」と問うも、「ああ、駄目よ駄目。まだ硬いのが目に見えるもの」と義母は言う。「私はアスパラに関しては芯が残っている程度の硬さが美味しい」と言うが、もうそろそろ30分経過する。

濃い緑は次第に黄緑化し、湯の水面で浮遊している。

絶対茹ですぎやん……。

そうして40分、遂に鍋から取り出した。アスパラは繊維だけを残し、表面はトロトロになっていた。

義母は、「あのお店のアスパラ、アカンわ……」と怒っていた。

いやいや……アンタやがな……とは言えない嫁である。

イギリスでシソを食べる

夏とはいえ、20度を超える日は何日もないカーライル。今年こそ「シソと春菊を‼」をスローガンに、6月にビニールハウスで育てはじめた。

シソなどこれまで育てたことがないので、どんなに育つのかわからず、125粒の種をガンガン蒔いたら、タタミ6畳分のビニールハウスに足の踏み場がない状態になってしまった。

まあしかしながら、手に入らない野菜ほど育てば嬉しく、シソの味が日本の夏を感じさせてくれる。

今年、里帰りをしないから、余計に懐かしい味となった。

畑に網を張っているおかげで、虫がほとんどつかず、完全なる無農薬&虫食いなしという、まさに理想的な野菜が育った。カタツムリも来ず、これも裏の家のご主人が毎朝、毎夜とカタツムリを庭から探し出し、全て殺傷しているからと思われる。これも感謝すべきである。

それにしても、シソは恐ろしいほど葉をつけ、週2回収穫し、およそ200枚は収穫しているであろうか。

あまりの多さに引いてしまい、仲良しのカーライル近郊に住む日本人のお友達に、無理やり持って帰っていただいた。内心、あんなに押し付けてよかっただろうか……などと心配している。

今はシソドレッシング、シソキムチなどを作って常備し、毎日の食卓に新鮮な日本野菜を使用できる。

ある時、ネットでシソの効能を調べていたら、シソには鎮静作用があり、ストレスやイライラを抑える効果が期待できるため、イライラしている人は毎日常用すべし……と書いてあった。

私、週200枚食べてるけど、まだ義母でカチンとくるな。

まだ足らんか……1000枚いかなアカンか……。

食べはじめていつからイライラが鎮静するとは書いてへんかった。

まあ、食べ飽きた頃に効果が表れるのかもしれないと思いつつ、今日も道をよけてあげても「サンキュー」と言わないババアにキレ、こちらが優先なのに向こうから突っ込んでくる車のババアにキレ……。

シソをもっと食べなアカン!!と心に決めるのであった。

バームクーヘン

先日、義母の家のＴＶが爆音でつけっぱなしになっていたのであるが、その番組でドイツのお菓子が紹介されていた。
「バームクーヘン」が登場し、職人さんがゴゴーッと燃えさかる火の前で焼く。長い棒にケーキの生地を流し、火の前でグルグル回転させると、例のあの焦げ目がつく。そうして再び生地を……と繰り返し、なんとも巨大で美味しそうなバームクーヘンが出来上がった。

私は思わず「めっちゃ食いたい」と言った。
旦那も「日本なんて、どこのコンビニにもあるもんな〜」と言った。
すると義母「バームクーヘンて何よ？」となった。
コレやがな！目の前で放送されてるコレやがな!!
義母は「オーブンで焼かずに、火の前で焼く意味は何？」と聞いた。
それは知らん……。

「オーブンで焼いたら、こんな形状になれへんからちゃう？」と私。

「こんな形状にする意味は何？」と義母。

「…………」

そんなん……考えたこともないわ。


イギリス人の旦那も、こんなにドイツが近いのに、イギリスにはバームクーヘンが入ってきていないことに改めて驚いた。

戦争中は（まあ一部、今もか……）敵であったから、互いの国の美味しいモンは取り入れなかったのだろうが、素晴らしきヨーロッパのお菓子がこの小さな島国に入っていないのは何故なのか。


義母「そんなに美味しいお菓子なの？」と聞く。

私「いや……失神するほど美味しいお菓子やないけども、コンビニなどに売っていたら、何故か茶のお供に買ってしまっていた」と答えた。旦那もよく昼に買っていたから「まあ、なんとなく、あったら食べてしまうお菓子やな」と答えた。

義母は「そんなに日本で有名なお菓子なのに、なぜこんなに近いこの国では知られていないの？」と聞いた。

こっちが聞きたいわ……。

ここに住んでいて、別にバームクーヘンを「あー‼ バームクーヘン食べたいわー」とは思ったことはない。それより「今すぐにミスタードーナツ、桜餅、塩豆大福が食いたいわー」とは思う。

縁起がエエお菓子として、引き出物にも出るが、あれはたいてい美味しくない。有名店ではあるが、何故かマズイ。たまたま買った、その辺のバームクーヘンが美味かったりする。

義母から「今度日本に行ったら、バームクーヘンを買ってきて」と言われたが、考えてみたら日本に行くより、ドイツの方が近いやん‼ 飛行機で1時間そこらで着く。しかも本場の手焼きが食べられる。

まあバームクーヘンのためにドイツに行くのもどうかと思うが……。

フライパンサイズのパン

明日のパンがないので、夕方パンを買いにいった。

以前いたパン屋の無愛想なババアを最近見なくなった。クビにでもなったのだろうか……とちょっと嬉しい今日この頃。

ついでにそのパン屋で焼いて売っているホットケーキ5枚とベーグル、チーズパンも購入して帰宅。


帰宅するとドアの前にビニール袋が置いてある。大概、こういうのは友人が野菜を入れて持ってきてくれていたりするのであるが、中を見るとフライパンほどの大きさのパンが2個。

デカッ!! 武器やがな……この重さ。

中に「焼きましたー!!」とだけある。いらん!! 今日はいらん!! せめて明日……いや来週がよかった……。

そういえば先週、「来週からパン習うねん」と言うていた友人。まさか持ってくると思ってなかったからビビる。彼女は8人家族なので、パンは必要なはず。

早速、お礼の電話を入れた。

「あんたとこ8人家族やのに、2個ももらって悪いわ〜」と言うてみた。

「エエねん、エエねん。7個作ったから」と友人。

どんだけ焼くねんな……しかし……。

1回のレッスンに、粉3キロ近く使ったと言うていた。


昔むかし、若かりし頃のこと。大阪の有名な調理師学校に通っていた友人がいた。パンを専攻していた友人は、くる日もくる日もパンを学校で焼いては自宅に持って帰った。

ある時、ただひたすらにフランスパンを焼く日々が続いた。家族から「噛むのに疲れた」と言われはじめ、近所に配りはじめるも、そのうち「もう……明日はエエわ……」と敬遠されはじめた。

そうして友人達に「パンいらん？ パンほしくない？」と聞きはじめた。最初はもらっていた友人も、フランスパンをそないに毎日食べたくはなく、皆その友人からメールをもらうのを恐れはじめた。かといって、街頭で「パンいりませんか?」とフランスパンを配るのも怪しすぎる。

そこで、学校にほど近い天王寺駅周辺にいるホームレスに「パンいりませんか? 無料で配っています」と声をかけはじめた。しかし、ホームレスのオッサンからも「歯がないから、こんなパン食われへん。もっとフワフワの持ってきてくれへんか?」と拒否されてしまった。

そやわな……長年、歯医者で治療受けてへんから、歯もガタガタなるわな。

今となっては笑い話。今日はそんなことを思い出した夜であった。

来週もまたパンを持ってくるのだろうか……。

オーマイガット!! と言う

日曜日、ニューキャッスルという都市にある日本食の食べられるレストランに行った。ここは刺身、寿司、中華料理&飲茶が食べ放題である。

今回は旦那の一番上の兄の子供である甥っ子の誕生日を祝うのに、甥っ子の希望であるイタリアンは却下され、義母の行きたいこのレストランになった。支払いが義母なので、義母の意見が最優先となる。

孫の希望は……無視かいな……。

客層は99％が中国人。スタッフは１００％中国人。

しかし中国人スタッフは非常に丁寧で愛想もよく、がさつで不愛想なイギリス人スタッフよりも、よほど満足するというものである。

中国人は羽振りがいいから、大人であれ学生であれ、客はガンガン日本の酒を飲んでいる。駐車場には大型の外車だらけ。

なんともバブリーなのである。

さて、この食べ放題の飲茶は、メニューの中から食べたいものを店員に言うと、出来立てを持ってきてくれる。

私は、カーライルの中華で100%見かけることのない「エビとイカのXO醤炒め」をオーダー。卒倒するかと思うほど美味かった。

義母と長男夫婦から「XOとはなんぞや？　英語か？」と聞かれたが、知らん。昔からXO醤という名で馴染みがあっただけのこと。試しに食べさせてみたが、「美味い」と絶賛していた。

さて、この飲茶メニューの中から、長男夫婦が「海鮮揚げ焼きそば」をオーダー。

うちの旦那は日本にいた頃、この「揚げ麺」が嫌いであった。

旦那が「それ多分、イギリス人には無理やと思うで。やわらかい麺しか知らんから、無理やって」と忠告。

しかし、長男は自称グルメであるから、「日本人が好むものを、俺が食べられないはずはない」とオーダーした。

しばらくして「海鮮揚げ焼きそば」到着。

長男夫婦と義母の3人で、皿を覗き込んでいる。フォークでつついてみたりして、どう食べていいのかわからないようであった。

私が「それは上の具材と混ぜて……」と説明するも聞かず。

結局、麺だけ先に口に入れ、嫁が「オーマイガット!! 口に刺さる! これは危険!」と言った。

続いて長男も「オーマイガット!! 麺に味がない」と言い出す。

義母は「オーマイガット!! これはまな板のような役割のものじゃないかしら? 食べ物じゃないのでは?」と言い出した。

せやから混ぜるんやー!!

謎多き食パンの美味い店

最近、サンドイッチにすると激ウマのパン屋でサンドイッチ用の食パンを買っている。少食の娘がガツガツ食べるパンなので、歩いて1時間かけて買いに出掛けるのである。ここの本店はスコットランドにあるが、カーライルに支店が3つほどある。私はその1つに買いにいっている。

毎朝、9時半頃に買いにいくので、必ず食パンがあるが、それでもたいていラスト1個状態。ここは朝6時半からやっているが、7時半に行くと「来るのが早い。こん

なに早く来られても、まだ本店から届いてへん」と言われたことがある。しかし、9時半に行くとラスト1個しか残っていない。

最近は朝の気温が1度で、車の窓や芝生も凍っている。そんな気温のため、朝9時頃に歩くのが寒すぎる私は、太陽が昇りはじめる昼11時頃に買いにいくのであるが、「もうないよ。売り切れ」と二度ほど言われた。

朝7時半で早すぎ、9時半でラスト1個ならば、いったいどの時間なら確実にあるのかと聞いてみた。答えは「その日次第」であるが、しかし「2個しか本店から来ないから、売れたらおしまいやねん」と店員は言った。

朝9時半で既に完売するのに2個だけ？ 閉店は4時である。

ならば何故にもっと個数を置かないのかという問いに、店員のおばちゃんは「さあ……支店で2個売れたらエエんちゃう？ もうずっと、これで15年来てるから」と言った。

15年間、常に朝9時半すぎに完売する食パンは、15年前から2個しか置かない方針なのであった。

店員のおばちゃんは「本店行ったらエエねん。めちゃめちゃあるから」と言った。

本店は車で15分のところにあるため、私が歩いて1時間かけてカーライルに買いにいくよりも、なんならそっちの方が遥かに簡単なのであるが、私は散歩がてら買いにいくのが好きだったのである。

ということで、昨日は本店に朝9時40分に行ってみた。
店の前には車がズラリと並び、小さなお店の中は客で満杯であった。店内には目当ての食パンが3列に並べられていた。

めっちゃある!!

サンドイッチ用にスライスしてもらったついでに、店員のおばちゃんに「この食パン、何時までに来ないと売り切れます?」と聞いてみた。おばちゃんは「売り切れへんよ」と言った。「夕方4時までに来ても、たいてい残ってるで」と言った。

じゃあ……じゃあ、何故に支店に、せめて4個持っていけへんの? ほな、支店で売り切れて、本店で売れ残ることもないやんか!!

この15年、支店の人は「もっと個数持ってきて」と言わなかったのだろうか……。誰も気が付いていないのであろうか……。

謎多き食パンの美味い店である。

Chapter
3
WORK DIARY

3章
仕事の日記

カーライルで働くということ

私がイギリスに来て2年目の夏、大都会マンチェスターから、田舎町カーライルに旦那の仕事の都合で引っ越すことになった。それまではマンチェスター郊外にて1年間、保育園で週4日働いていたのだが、その仕事も辞めることになった。

越してから、まず、イギリスで仕事など滅相もゴザイマセンレベルの英語にもかかわらず、仕事の面接に行った。

案の定、45分の間、何を言われているのか全く理解できず、内心「こんな英語やのに、来てスンマセン……」と100万回思いながらも、「アハ」「アハ」「OK」などと外国人風に言いまくっていたら、会話はつながった風であった。

結局、あまりの私の英語力の低さから、さて合格したか否かさえ聞き取れず、帰宅。

1週間待っても連絡が来ないので、「私は合格したのでしょうか?」とメールをしてみた。答えは「した」とのこと。

アハ、アハで合格したやん……。

「合格や」と言うから、素直に受け止めた。早速、出勤。

これからこのカーライルの職場で、様々な困難に直面することとなるのだが……。

ワケわからないことだらけだったが、なんとか乗り越えられたのは、職場で知り合った2人の友人のおかげである。

1人は同じ歳で、アパレル歴10年以上のベテラン。カーライルから出たことがないが、私を奇怪な目で見ることもなく、聞き慣れないはずの私の日本語英語を、実に熱心に理解してくれた心優しい友人。

もう1人は3人の子を持ち、母として

友人として相談にも乗ってくれる心強い味方。大家族であり、友人の多い彼女のおかげで私は随分と知り合いが増えた。お菓子作りが上達したのも彼女のおかげ。

同じフロアで働いていた私達3人の歳が近かったことと、日本という未知なる国から来た私に興味を持ってくれたことがキッカケとなり、言葉の壁を気にせず仲良くなれた。

困っている時に、懇切丁寧に教えてくれ、気遣ってくれ、助けてくれ、電話も代わってくれたのが、この2人。

客に「第二次世界大戦の時、日本軍がドイツ側についたのは、日本の恥だ!!」と怒鳴られた時も、「アジア人には、クレジットカードを触られたくないのよ」と言われた時も、「英語のわかる人、呼んでちょうだい!!」と怒鳴られた時も、いつも2人が助けてくれたのだった。

ちなみに出産5週間前になり、何も出産準備をしていなかった私に代わり、必要なもの全てを買ってきてくれたのも、この友人。

ホームシックになる時も、この友人のおかげで、私は助けられているのである。

開店時間は気にしない

イギリス人は気にしない。コレに限る。一緒に仕事をすると痛感し、日々、できるだけ自分が日本人であることを忘れ、適当人間であろうとするも、それも無理になってくる。

うちの百貨店は9時に開店する。しかし、9時から売り場でミーティングが開始。その後、レジのお金を合わせて、掃除機をかける。客が既に服を見ている横で「ちょっとスイマセン」と客にどいてもらう。昨日のゴミはそのまま。たまったら足で押し込む。ずっとこんな調子で、やっと客を迎える態勢になると10時になっている。でも、それでいいのだ。たまらず、在庫部屋の整理をしてみた。去年のゴミ発見。捨ててはイケナイ伝票と、誰かにもらったチョコレートが一緒に入っている。「捨ててはイケナイ」と厳しく言うわりに、上司も誰も気付いてないのが凄いところ。その他、脱いだパンスト、2年前に商品が届いた時のダンボール……などなど。

開店時には、客を迎える態勢に……というのは日本だけなのか。なんなん？ この国!!

今からか！

昨日は大きな会議があった。で、今日、直属の上司であるが、要領の悪いアシスタントマネージャーこと、アンジェリカが朝礼で皆を集めた。

何かと思えば、昨日の会議の結果の報告であった。「このデパートの将来をかけて、画期的な計画を採用することにした」と。それは何かと尋ねたら、なんと1人1人に頑張ってもらうために、各自の仕事を役割分担させるというもの。

え⁈ 今気付いた？ 普通、各自の役割分担とか、個人的に持ってる仕事とか、責任とかあるよね。日本の場合だけなのだろうか……。

誰も気付いてこなかったのが、凄い！今気付いたのが、凄い！

そして、それが画期的だと思えることが、もう凄すぎて意味がわからん。

私は今の職場になってから、毎朝必ず掃除機をかけ、在庫を管理し、サイズの欠品を補充し、絶対に欠品や売り切れを出したことがなかった。それは何故か？ そう。自分の売り場に責任をもっているから。そしてそれが、自分の担当ブランドの仕事だから。

しか〜し!! それをすれば、もっとお客様に喜んでいただけるし、社員が遊ばないというのを、社長ともども今初めてわかったらしい。アホや。コイツら……。


というわけで、今日から各自に与えられた仕事。

それは「担当を決められたブランドを、毎日チェックしましょう」ということ。どうチェックし、何のためにチェックするのかは説明しない。在庫管理がどれだけ重要で、何日前までにどうすれば欠品が防げるのかを説明しない。

案の定、社員は「そんなことしてなんの意味があるのか」と、朝礼のあとに言い出した。ホラ見ろ！ アンジェリカ〜!! ソコをちゃんと説明して、納得させな意味がない。しかも働きたくない社員は、意味のわからないことをするわけがなかろうが。

1人張り切るアンジェリカ。朝礼の内容が把握できない社員達。どっちもアホである。どちらかに賢い人がいて、「ソレはなんのためですか？」と聞けばアンジェリカも気が付くであろう。もしくはアンジェリカが気のきく女なら、説明するであろう。

もう疲れているので、私は首を突っ込まない。自分の売り場だけを健全に守っていこうと思う。

凄いランチ

昨日、靴下売り場のデブの女が食べていたランチ。

その名も、「チップスバティ」。ハンバーガー用のパンに、フライドポテトがワッサ～ッと挟まれているだけの食べ物だ。これに女は、塩&マヨネーズをデロ～ンと塗って食べていた。

推定年齢45歳かと予想していたら、なんと28歳であった。体型はモロ更年期障害を迎える頃かと思っていたから、驚いた。

この女は毎日スーパーでコーラ1リットルを買ってきて、サラ～ッと飲んでしまう。そしてキットカット好きである。いつの休憩時間に会っても、このコーラ&キットカットは欠かさない。

野菜はフライドポテトで取っていると、豪語するこの女。恐るべし……。


つくづく思う、この文化の違いとランチの価値。

職場の休憩室にある冷凍庫に、冷凍ミックスベジタブルを保存しておき、食べる分だけ「チン」する女もいる。

またある日は別の女が、クリームチーズをひたすらスプーンで食べていた。フィラデルフィアのクリームチーズを1箱完食したあと、バナナを食べた。この女、いつ見てもコレを食べている。

クロワッサン5個だけの人もいる。ジャムをつけるわけでもなく、ただひたすらにクロワッサン5個だけ。

日本人は同僚と「今日のランチ何食べる?」的楽しみがあるのに対し、昼食に全くコダワリがないのか、「何買いにいく?」「あ、バナナ持ってるから……」となって、一緒にグルメ探索できないのが、悲しい限り。

万引き犯

1人の男が香水を20本万引きし、堂々とドアから出ようとしてアラームがなり、逃げ損なって捕まった。

20本万引きされていながら、そこにいた店員5人は全員気が付いていなかった。

何故か……? 喋っていたからである。カウンターを囲み、仲良く喋り続けていたため、男がカバンの中に香水20本を詰め込むのを、見逃していたのである。

警察を呼び、事情聴取となった時、ポツリと警官が言った。

「何故、誰も気が付かなかったのか」と。

そうである。あんなにデカイ旅行用カバンに詰め込む様子を、誰1人として見ていないということは、いかに仕事をさぼっていたかである。

男は素直に万引きを認めたが、ついでに2ヶ月前の犯行も認めた。

2ヶ月前、16個のブランドのカバンが店頭から消えた事件があった。学生カバン並みに大きなカバン、16個である。その時も誰1人として気が付いておらず、しかも店員は「万引きはありえない。だって私達は、1日中ここにいたから」と言い切った。

しかし、男はこの犯行も認めたのである。

この件について、当然、社長は怒った。

が、反省の色がないのが外国人のいいところである。ま、次から気を付けてみよう……というのがこの人達の反省度合いである。

英語で働く

大人になって勉強することほど、メンドクサイものはない。

学生の頃、親にねだってまで行かせてもらっていた英会話学校は、楽しくて仕方がなかった。8年前、OLで稼いで貯めた我が金でオーストラリアに行った時も、元を取るべく、必死で勉強していた。

そんなモチベーションのまま帰国し、英語関係の仕事に就き、出会ったのが今の旦那である。

旦那と出会ってからは、からきし英語など勉強していない。

「まあ、エエか……6割通じてたらエエねん……」てな感じで、付き合ってきた。よく、この会話力で結婚したなと今は思うが、そんなモンなのである。

最近、自分の仕事が増えてきた。

特に増えたのは、クレーム処理と上司との会議である。

私のように英語力のない場合、英語で遠まわしな言い方などできるはずもなければ、丁寧にかつ、相手を怒らせないように状況を維持して会話するなど、もっての外である。

しかしながら、ここで「私は英語ができませんので、この仕事はできません」などと言って特別扱いしてくれるほど、イギリス社会は甘くない。

会議も内容によっては7割理解できることもあるし、200%ただただ何について話しているのか、検討さえつかない時もある。こういう時、とにかく聞き取れる単語を紙にメモにとり、家に帰って辞書で調べる。

この作業を地道に1年続けていれば、そのうち職場で使う単語を覚えてくるのである。こうして、去年よりも少し理解できるようになってきた。

英語の国で、英語を話す人達と働くとは、なかなか大変なのである。

942着

明日は休みなので、夕方から在庫を数え、明日私が不在の間に皆にしてもらう仕事を振り分けるべく、パソコンを打っていた。とそこに、とある売り場の女が泣き怒りながら入ってきた。泣いているから、当然「どないしたん?」と聞くのが優しさ。

私はこの女が嫌いである。大学でマネージメントを3年学び、とあるブランドの店長として働いて半年になる。この女は全く仕事をしない上、学ばない。やる気もなければ、センスもなく、ただのデブしか取り得がない。自分の売っているブランドにはサイズがないから、再三マネージャーに「痩せなさい」と言われ続けているが、「私は痩せる必要がない」と言い張る、超プラス思考の女である。

何故泣いているかというと、マネージャーに在庫を数えろと言われ、放置すること半年。遂にキレたマネージャーが「数えろ」と指示を出し、ノロノロ数えはじめたのが3週間前。で、今日やっと数え終わったのである。基本、入荷した数から売った数を毎日引いておけば、在庫の数は合うはずなのである。簡単な算数なのである。

これを放置し、今日数えてみたら、942着足りないと判明。

「え？ 942？ 枚ってこと？」と私。

「そうやねん。942枚、ないねん。あるべきはずの942着がないねん……検討もつかなくって……」と女。

内心、大爆笑していた私であるが、ただただアホな女を前にして、いかにも相談に乗ってやってるふりの私は、なかなかの性悪女である。

「上司に、942着マイナスですって報告したら、凄い剣幕で怒られてしまって……でもどうしようもないやん？ だって理由がわからないもん……」と女。

そら、怒られるやろう……。

女は開き直り、「万引きだと思います」と言い張っている。

942着て……紛失しすぎやろー!!

掃除時間のある文化

イギリスに来てから、ずっと疑問に思っていたことがあったが、最近それがわかった気がする。

私はイギリスでこれまで2つの会社に勤めたが、どちらの社員達も職場をとにかく整理整頓しないし、ゴミなど絶対に拾うことがない。特に社員が使用する休憩室やロッカールームに至っては、ヒドイという言葉を超えているから、表現のしようがない。

食事をするテーブルには、誰かが履いてきたスニーカーが平気で置いてあったり、人のカバンの上に濡れた傘を置いていたり、書き出すときりがないが、こういう考えられない非常識が当たり前である。

何故皆で使う場を少しだけでもいいからお互いが気にかけられないのか、本当にこの3年間、不思議で仕方がなかった。

私が1日の仕事を終える際、片付け、整理をして退社するのは、日本の職場では当たり前の習慣なのである。が、これがイギリス人にできないのは、子供の頃から学校で義務づけられていた、「掃除時間」がないからなのではないかと思う。

何気に学校の習慣として組み込まれていた「掃除時間」であるが、これは非常によい文化だと私は改めて思う。

他にも、私の小学校は給食当番が食器や牛乳瓶を返却しにいく際、必ず給食のオバサンに一言「ごちそうさまでした。ありがとうございます」と言わなければならなかった。これも、当時は担任に「言え」と言われているから言っていたが、今思えば大切な習慣なのである。

掃除など、当時は嫌々させられていたが、自分達が使用する教室、廊下、トイレ、実験室などを掃除することで、必然的に「ちゃんと使おう」みたいな意識が、自然と植えつけられていったように思う。

イギリスには「掃除時間」がない。子供に与えられる「○○係」みたいなのは、日本と比べると圧倒的に少ない。「クリーナー」と呼ばれる掃除の人がいて、ゴミ箱のゴミも捨てにいってくれるし、机も拭いてくれるから、子供も大人も何もしなくていいのである。

これが逆効果で、ゴミが目の前に落ちていても「クリーナーが拾えばエエ」という考えがあって、自分がするという感覚がないに違いないと、私は考えるのである。

イギリスは階級社会で、職業、住んでいる地域、出身校、使う単語で人を区別する文化が根強い。だからクリーナーと呼ばれる清掃業の人を見下す同僚を、何人も見てきた。

私がイギリスで働きはじめた時、旦那から「クリーナーの人を見下すな。挨拶をし、絶対に名前で呼べ、そして何かしてもらった場合、例えば窓を拭いてくれたなら、『ありがとう』と言え」と言われた。

挨拶しない人が多い中、旦那はこの見下す文化が大嫌いなのである。

外国に住み、今更「掃除時間」があってよかったなどと思うとは、考えてもみなかった。

職業のレベルをどうこう言う前に、人として守るべきルールを実行してほしいと思うが、言っても無駄なのである。

イギリス人の1週間

今日もダラダラと働くイギリス人の中で、スタスタと働いてみた。スタスタと働いたところで、ダラダラしている上司から褒められることもないので、午後はイギリス流に過ごしてみることにした。1週間の献立を考えてみたり、今日スーパーで何を買おうか書き出してみたりしたが、それも30分あれば終わってしまい、まだあと4時間あった。

先週から経理の仕事を任されることになったのだが、経理主任が旅行中のため、止まったままである。今月いくら売れて、いくら返品があったか知っておこうと思い、経理のおばちゃんに聞いたが、2週間前から本社のパソコンがウイルスに侵され、データが全て消えたのでわからんと言われた。

全ては経理主任のおばちゃんが旅行から帰ってくるまで、どうしようもないのである。

イギリス人は、月~金を必死で働かない文化である。

月曜日……土日の遊び疲れが残っているので、まあ、午前中はゆっくりしてもいいのだ‼
　　的な日であり、同僚と週末をどう過ごしたかの話に花が咲く日なので、これで
　　1日が終わる。
火曜日……先週からためている仕事を、今日あたりに仕上げようか的な感じの日。
水曜日……今週の仕事も、そろそろ真面目にしようか的な日。
木曜日……週末をどう過ごすか、同僚達と話に花が咲いて1日を終え、夕方はスーパーに
　　行く（木曜はレイトナイトショッピングといって、夜遅くまでスーパーが開い
　　ているので、皆この日に買い出しに行く）のでサッサと帰る。
金曜日……気分はもう週末。朝から仕事をちょっとして、午後は完全にウカレ気分。

こういうサイクルになっているから、信じられないペースで仕事が進むのである。

今日の夕方5時で解雇

先週の金曜、隣の売り場のおばちゃん3人が、「今日の夕方5時で解雇」と突然言い渡され、会社を去ることになった。

閉店1時間前に言い渡された解雇である。皆、状況が飲み込めなかったが、それが現実である。

翌日の午前中、解雇を逃れた社員とパートは「明日は我が身……あ〜怖い!!」などとビビっていたが、昼を過ぎれば「あの人達が、そもそも悪かった」となり、午後にはすっかり忘れさられ、いつものようにイギリス人達はダラダラとするのである。

私がイギリスに来て、初めて働いたのはマンチェスター。都会だから、日本とそんなに仕事意識が変わらないかと期待してきたが、現実はものの見事に覆された。

そして現在、田舎のカーライル。マンチェスターとは比にならんダラダラ感である。

日本で主任だった頃、部下が3回同じことを聞いてきたら無視。私に怒られたら最後……と、部下は必死で仕事を覚え、ついてきてくれた。

しかしながら、イギリスではそんなレベルにも達しておらず、二日酔いのため欠勤や遅刻、大雨だったので欠勤、彼氏に浮気されたので働く気にならないと欠勤、7年働いているがいまだ書類の書き方がメチャメチャ……など、無責任というべきか、国民性というべきか……。

これに初めは怒り、苦しんだが、これを改善することは、国民全体を変える必要があるため、そんなことは不可能だと学んだ。ならば、自分が進化するべきだと気が付き、今に至る。

おかげで、トイレに大便がそのままでも、食事用のテーブルに靴下やパンストが脱いであっても、笑って見過ごせるようになった。4年かかったが、人間の環境とは、恐るべき成長材料であることが、イギリスに来てわかったのである。

Tシャツプレゼントキャンペーン

売り場で仕事をしていると、上司がTシャツを持ってきた。見ると、ロンドン発祥といわれる、某有名デザイナーブランドである。日本の大手百貨店には、よく入っている。

ここのブランドは、日本人からすれば難易度が若干高め。ロンドンなら、何気にジャケットやパンツを履いているおしゃれな人を、何度か見かけたことがあるが、果たして、この地域の人は、このブランドを知っているであろうか……。

そもそも何故このブランドをここで扱おうと思ったのか、全く意味不明であるが、上司の話では「実験的に10月末まで売り場に置いてみる」とのことである。そのため、ファッションフロアの人間全員が、このTシャツを着て知名度を上げよう‼ということになった。しかも今なら、お客様が2点以上ここのブランドをお買い上げになると、もれなく、このTシャツもプレゼントというキャンペーン中である。

早速、袋を開けてTシャツを取り出してみた。

怖っ!! Tシャツは、面積を惜しみなく使って描かれた、チンパンジーの顔入りである。しかも背中一面に至っては、チンパンジーの後頭部がドデカく描かれてある。

これは恥ずかしい……。これを着て、8時間半もフロアをウロウロするなど、絶対に嫌である。しかも、このTシャツにはアフリカンな柄のスカーフがついていて、これも「首に巻け」と上司が言う。ここ数日のこの地域の天気は、「ハリケーン並みの暴風&雨」である。人々は長靴を履き、レインコートを着て歩いているというのに、夏感ギラギラのサファリ柄って……ファッションセンス、ゼロの人やん!!

しかし上司は着ていない。「えー……だって、チンパンジーやし!!(爆笑)」と言う。

そんなん、私も同じじゃー!!

本来なら、ファッションフロアのスタッフ全員が着なければいけない。しかし、このブランドは大きなサイズを作っていないから、着られる人数が限られているわけである。私の売り場はおばちゃんばっかりの売り場なので、このチンパンジーTシャツが入るサイズの人間が、私1人になってしまう。ということは、客からすると、「こんなTシャツ着てる人に、服のことを聞くのはちょっと……」と懸念されるに違いなかろう……。

しかし、これも仕事。1ヶ月半の我慢である。

泣く女

旦那がグッタリとして帰宅したのは、夜の8時前。理由はいつもと同じ。職場で泣く女のせいである。

私の前の日本での会社にも、今のイギリスでの会社にも、毎回何かにつけ泣く女というのはいた。仕事量が多いと泣き、仕事が片付かないと泣き、しんどいと泣き、誰も私を助けてくれないと泣き、○○さんがあんなこと言ったと泣き、給料を上げろと泣き……。

私は女子高、女子大を経て、職場も完全なる女の職場であったから、泣く女は1人必ず決まった奴がいた。しかし、それも1人程度であった。

日本で欧米女性と働くようになり、文句が多いなと思ったことはあった。しかしながら日本の企業が厳しいからか、あまり目立った文句もなく、嫌々ながらも従う女が多かった。

しかし、イギリスで働くようになってから、欧米の女はなんて文句が多いのか!!と思ったのと、喧嘩上等なのが凄いと思った。

日本人である私は、職場で泣くことは恥としてきた。しかし、ここではそうではない。喧嘩も同じく、職場で言い争いは極力避けるべきであり、どちらかの妥協でその場を取り繕い、仕事と割り切ってやってきた。しかし、ここでは喧嘩も当たり前なのである。

気に入らん奴には「嫌い」と言ってもいい。今の発言に異議があれば、「それはアンタが間違っている!!」と反論してもいい。そうして喧嘩に発展し、二度と口をきかない間柄になろうとも、気まずいというのがないのである。

これは欧米女性が、感情を隠さずに出すからだ。それに比べ日本人はできる限り隠そうとするか、皆の前ではなく、一部の人間にのみ見せる傾向にあるのではないかと思う。どちらがよいも悪いもないが、泣く奴がいるというのは非常にうっとうしいのは間違いない。

うちの職場など、ただ客がほしいものを売るという至って単純な仕事であるにもかかわらず、泣く女がいることに不思議で仕方がない。別に、愛想笑いも頭脳も無用、気遣いも気配りも無用の職場で、「しんどい」と言って泣くのである。しかし「役職はくれ」「給料も、もっとくれ」ということは、恥ずかしげもなく言えてしまうのである。

泣いたらエエと、思とんかー!!と思いながら、私は静かに仕事をするのである。

昼休憩で美容院

朝11時から夕方4時まで働く、パートのおばちゃんがいる。

「おはよー！」と売り場に陽気に来たのはエエが、顔面……毛だらけ!! 何、顔につけてきとんねん……。

私は「髪の毛、カットしてきたん？」と聞いた。おばちゃんは「わかる～？ そうやねん～！ 秋やから」と嬉しそう。

わかるわー!! めちゃめちゃ顔に、髪の毛ついとるやないか!!

しかし、これは1人に限ったことでも、朝だけのことでもないのである。極めて共通する、普通の出来事なのである。

うちの職場は、基本、昼の休憩は1時間と決まっているが、ちゃんと1時間で売り場に帰ってくる者は皆無に近い。ある者は昼休憩に70分コースの日焼けサロン&ネイルに行き、ある者は1時間以上かかるヘアカットに行くのである。

朝、めっちゃ色白かったのに、昼休憩から帰ってきたら、なんで急にこんがり肌になっとんねん!!と笑ってしまう日もある。

昼休憩にヘアカットに行ったおばちゃんは、顔面、毛だらけで売り場に戻ってきて、満面の笑みで客に対応するのである。

日本の美容院は本当に素晴らしい。髪を切ったあとは、ブラシで顔の毛を取ってくれるではないか!!


10年ほど前、オーストラリアに住んでいた頃、どうしても毛先だけ切りたくて、美容院に行ったことがあった。

シャンプーから始まったのはいいが、日本のように仰向けに寝てシャンプーするのではなく、座ったままの状態で、少しだけ頭を後ろに倒すシステムであった。私は、「これ……絶対アカンやん……」と思ったが、何も言えず。

シャンプー開始、泡がガンガン額を通って下に流れてくる。担当の人が「目、閉じてた方がいいよ」と言った。

開けてられるかー!! 既に閉じっぱなしやわ!!

そうこうして、流しに入った。夏だったせいか湯ではなく、極めて常温の水で流されたわけであるが、夏とはいえ頭の先から常温が流れると、背筋がヒヤッとするのである。そうして、その水は顔面と耳の中を遠慮なく流れ伝い、もうビチャビチャもエエところであった。

流し終わり、私が目を開けにくそうにしていたら、タオルが飛んできた。手渡しではない。投げてきたのである。ほうほうなるほど、自分で拭くシステムなんか……って、納得できるかー!! 襟足、濡れすぎやないかー!!

そうしてカットが終了し、ドライヤーをかけてもらったが、「外、暑いし、完全じゃなくてもエエやろ?」と言われ、そのまま半乾きの状態で帰宅したのであった。

以後、私は髪を可能な限り日本で切るようになったのである。

流行病

日本でもそうであるが、冬の時期になると、「今年は○型インフルエンザが流行します」的なニュースが出る。イギリスも、数週間前の新聞に、「今年はこんな流行病が……」と書いてあったのを見た。その時は「変な菌が流行んのか」程度に記憶していたのである。

月曜の朝のミーティングで、偉いさんが「昨日、2人が病気で早退しました。症状からして、ニュースで流れている流行病の症状にとても似ています。今日は同じ症状を訴え、7人が休みです。皆さんも気を付けて下さい」と言った。そうして仕事が始まったが、昼までに更に2人が早退した。やはり、同じく似た症状を訴えた。

こうなると、フロアの人間の数が圧倒的に足りなくなってしまう。私のいるフロアには、4人しか残らなかった。しかしながら、昼休憩を1時間ごとに交代で取り、接客をして……となると、4人では完全に無理である。

ベテランのオバハン社員が偉いさんに「こんなん無理やで!! あんたら、上の人間が現場に出たらエエがな!!」と言いにいった。しかし、偉いさん軍団に、その気はない。

とりあえず、その場で偉いさんは「5分下さい。なんとかします」と言った。

そして出た答えは……。

「皆さんで、そのフロアを時計回りにグルグル回って下さい。そうすれば、お客様を見逃すことなくサービスができるはず」


嫌じゃボケー!! なんで徘徊せなアカンねん!!

大学で経営学を学び、出した答えは「徘徊」である。しかも「時計回り」で……。

クリスマス前やねん!! 忙しいねん!! アホかボケー!!

ということで、私らは徘徊せず、自分の周辺の売り場をフォローするという対策をオバハン軍団と取ったが、上の階はバカ正直に徘徊システムを導入していた。

しかしながら、うちの職場は夕方4時になると、全ての売り場の上司がカフェに一堂に集まり、「会議してます風お茶会」が開かれるため、この時間帯から一気にスタッフの数が減る。そのせいで夕方5時以降は私が徘徊担当にさせられ、時計回りにグルグル回るはめになったのである……。

感嘆する客

今、うちのデパートは夏のセール中である。今年のカーライルは今のところ最高気温16度、ほぼ雨であるから、夏服は全く売れず……。というわけで、早くも75%オフのセールが開始された。

うちの客層は、ほぼババアである。が、珍しく20代と思われるカップルが来た。彼女の方が、何故か私の売り場の試着室でブラジャーとドレスを試着していた。カーテンの前で彼氏が待っている。

彼氏が「つけたら見せて!! 絶対やで!!」と連呼していた。

まず彼女はブラジャーをつけて、なんと他の客もいるというのに、バサーッ!!と思い切りカーテンを開け、ブラジャー姿を彼氏に見せた。

「ワーオ!!」と彼氏。

のけぞって「ワーオ!!」と言っていた。


次に彼女がドレスを試着して出てきた。

またもや彼氏、「ワーオ!! 凄いよ!! 似合うよ!! それ、本当に君のために作られてきたようなドレスだよ!! 綺麗だよ!! 美しいよ!!」と連呼。

ナンボほど褒めんねん!! 付き合いたてか?

それとも、男の方が女の機嫌を取りまくらなければ、上手くいかないカップルなのか。いやいや、これが西洋文化なのかもしれない。

あんた……エエ彼氏やんか……。


若いカップルでよかった。これが60代後半の太った初老ジジイと、10代後半のアジアンガールだったら、間違いなくジジイを私は汚れた目で見てしまったであろう。

久しぶりに微笑ましい光景であった。

クレームの解決策

さて今の会社に入って5年が過ぎた。今年から、1年の有給休暇も5週間となる。日本の会社に30歳まで勤めていた私にしてみれば、年間の有給休暇が5週間もあること自体が、もう凄いことである。

今日、会社に行くと上司から「シフトが新しいシステムになった」と言われた。聞くと、ある客から会社に電話があり、「そちらのデパートの店員は、誰1人として客にものを売る気がない。そればかりか、10人以上が1つの小さな売り場に集まり、大声で笑ったり、会社の悪口を言ったり、はたまた社員の誰からしき噂話をしていたり……。近くに客がいてもお構いなし。売り場は乱れ、床に商品が落ちていても気にしない、拾わない。あんな多くの店員が必要か？ 見ていて見苦しい」ときた。

おお～!! 遂に気が付いてくれた客がいたんかー!! クレームつけてくれたんかー!! 感謝しまっせー!!

1つ腑に落ちないとすれば、私はちゃんと働いている。お客様1人1人に「ハロー」と声をかけているし、売り場はいつも整理整頓されてある。これだけは間違いや……。もといい。これを受け、マネージャー含む専務、社長らが緊急会議した結果……なんと、皆の休みを1日増やし、売り場の人数を少なく見せる戦法に出た。

ちゃう!! そういうことちゃうねん！ 根本が改善されてへんー!!

給料は据え置き、週休2日だったのが、なんと3日になったのである。皆の休みを増やせば、それだけ売り場に立つ社員が減る。そしたら、もうクレームつけへんやん？ 作戦に出たのである。社員&パートのババア大喜び。そら、そうやわな……。給料そのままで、週休3日て……そんな解決策あるか？

普通こんなクレームが来たら、真っ先に教育の見直しではなかろうか。「クレーム来てねん」と売り場に伝え、反省させ、改善する。サービス業とは、会社とは、そういうモンやないんかい？ にもかかわらず、人数減らし作戦という、大概な出来事に慣れた私でさえ失笑&爆笑の解決策に、もう呆れるを通り越しイギリスが好きになるしかないのである。

なんか……イギリス怖いー!!

閉店しても驚かない

それは4ヶ月前のことである。いつものように出勤し、朝の全体ミーティングで専務が言った。「うちのデパートのカーライル支店のみ、閉店することになりました。理由は経営不振です」と。

ビックリせーへんけどな……が私の感想。

しかし……あんなに暇だったのに、あんな接客態度だったのに、あんな勤務態度だったのに、「経営不振やなんてヒドイ‼ こんなに頑張って働いてきたのに～‼」と号泣する社員&パート達。

泣いとんでオイ‼

泣き崩れ、ショックから立ち直れず、そのまま今日に至った。

しかし、世の中物好きとでもいうべきか、チャレンジャーとでもいうべきか……この支店を「是非とも、ビルと社員ごと買収したい‼」という御曹司が現れた。

オッサン、物好きギャンブラーやな……。

それは、うちのデパートでよく買い物をしてくれた、お金持ちのオバサマの息子である。別に経営する会社はあるが、サイドビジネスでここを買収して、自分なりの店をやりたいということであった。

この御曹司……買収を決める時、果たしてうちの社員&パートのババアの働きぶりは見たのであろうか。もしや、「おおー!! なんと働き者!!」と思ったのであろうか……。最もそこが聞きたい部分である。


てなわけで、先週末の土曜で店は閉店となった。今週は後片付けで出勤し、正式に新しい会社に移行となる。

ババア軍団は「買収されるなんて嫌!!」と騒ぐが、私にしてみれば、このヘロヘロ英語で働ける場所があるだけでもありがたいのである。それに人間観察が趣味の私にしてみれば、この社員ごと買いたいと思ったオッサンを知りたいという興味もある。

今後どう変化するのか期待している私である。

買収

買収予定の会社側が、今後どういう営業方針でやっていくかという説明会を設けた。まず、私が数年前から感じているように、カーライルでは一流ブランドを売っても、買う人が1%にも満たないということ、ここがまず失敗の元だったと述べた。

確かにそうである。マックスマーラ、アルマーニ、プラダ、ミッソーニって何？という人がほとんどである。これを中心に販売していた、うちのデパートは6年でコケた。

このため、新しい社長は「カーライルでは、安さを前面に出さなければ、ビジネスは成り立たない。たとえ、オーガニックであれ、素材がよかれ、そんなことを重要視する客は皆無に近い」と言い切った。

おおー!! オッサン、ようわかっとる!!

これまでの高級志向を排除し、4流ブランドを入れる。このブランド、全て商品が3千円以下である。

しかし、あながちこの計画は間違いではないと思うのである。

カーライルはイギリス内で最も無職率が高い都市である。ということは、一部のお金持ちにブランドを売ったとて、およそ100人の社員の給料を払うほどの黒字を出し続けるのは難しい。よって、ターゲットは「お金を持っていない若者から大人」に変更となる。

しかし、ここで問題が出る。うちのデパートの80％の社員&パートは、60代である。新しく参入する若者向きの店に、この60代店員は不要となる。


このため、新しい社長は「今現在、ここで働いているスタッフほとんどを、カフェ&レストランに移動させる。契約はそのまま、給与もそのまま。働く場所がカフェ&レストランとなるだけのこと。これが嫌なら、辞めていただいて結構」ときた。

婦人服で30年やってきたババア軍団にしてみれば、最大の屈辱となり、また変化を嫌う人には衝撃となった。「カフェなんかでテーブルが拭けるか!!」と辞表を出したのは4人。今後も増えるであろう。


私のように、「イギリスで仕事があるだけでもラッキー」と思っている人間にとっては、本当にどうでもいい話である。キッチンでフライドポテトを揚げろと言うなら、揚げたるやん。カレーを混ぜろと言うなら、混ぜたるやん。テーブルの下を掃除しろと言うのなら、したるやん……という話である。

今更プライドもクソもない。日本で役職があったとて、ここに来た時点でそれは無効になるわけである。

「人事やってたん？ だから？」

「主任やったん？ あ、そう」

日本の時の役職など、なんの役にも立たないのである。

「カフェで働けば、客に見下される。だから嫌やねん」というおばちゃんがいた。しかし、コレは接客業、サービス業には付き物なのである。「客」という立場になった途端、偉そうにする奴はいるのである。ホテルで大声を出すオッサン＆オバハン、新幹線の窓口で怒鳴り散らすオッサン、こんな光景は何度も見てきた。そんな人には、自分がならなければいいだけなのである。

生き残りをかけた面接

さて8月末に閉店し、9月1日から新しい会社に買収される予定だった我が社であったが、「待った!!」がかかって、そのまま閉店すること1ヶ月半。自宅待機という形で給料は出続けていた。しかし2週間前、突然に集合がかけられた。買収成立か、はたまた不成立で退職金が出るのか……。

結果は「交渉不成立により、再び買収希望の企業が出てくるのを待つ」とのことであった。しかし、ビルの管理費と税金を納め続けるのは無駄として、ビジネスを小さくして再開するとのことであった。およそ100人いる社員から、10人のみ抜擢して営業は再開。カフェ&レストランも再開するため、既にカフェで働いているスタッフ10人はセーフとなる。つまり、80人は解雇。

生き残りをかけ、本社の人間により面接が再開された。本社の人間など、日頃の働きぶりを知らないから、面接の印象でしかモノを言わないが、まずは90人全てを面接し、そこから60人に選定。更に面接を繰り返し、最終的に10人に絞ったと、昨日連絡があった。10人のうち3人は専務含むマネージャークラスが生き残った。

そして残りの7人……私、残ってましてーん‼

せやけど、嬉しいわけではないねんな、コレが……。何故かというと、日本人として恥にならぬよう、この5年誰よりも真面目に働いてきたという自信があるわけである。30年ここで働くババアよりも、言葉のわからん私が必死にやってきたわけで、そこを無視して解雇されんのは、あまりにも酷やと思っていた。そのため、「選ばれたで‼　あんた、よかったな‼」と専務に言われた時も、「ああ、そうですか」という感じだったのである。

というわけで、来週から職場復帰となる。仲のよかった同僚と上司は解雇となった。言葉の全くわからなかった私をいろいろと助けてくれた同僚。なんとか助けになりたい。イギリスで最も失業率の高いカーライルであるが、それでもネットで見れば、いくつかの職に募集がかけられているのである。昨夜から、彼女の希望に近い職を探すべく、ネットで見つけては彼女の携帯に情報を送っている。

一度は倒れた我が店舗。再開なるか……。

選ばれし社員達

さて8月末から閉店していた我が社のデパートが、遂に再開した。閉店したのに「また開きます」という、ワケのわからん展開のままスタートとなった。

選ばれし人間は合計で25人。うち10人はカフェ&レストランのスタッフで、あとの15人が売り場担当というが、そのうち4人はマネージャーなので、売り場には立たないから、結局のところ11人が売り場に立つことになる。厳選されたスタッフの面子が気になっていたが、見る限り、本気でやれば管理能力も販売力もあるおばちゃん達が残されていた。

初日、「私ら選ばれた人間やから!!」と、見たこともない真面目さで頑張っていたが、午後3時にもなれば、いつもと同じくレジの前でチョコレートを食いながらの雑談開始。

それでも一応は床に落ちた服だけは、ちゃんとハンガーに掛け直していたから、前よりは働いているといえようか……。

久々に職場に戻ると、休憩室に改めて貼られていた張り紙達……。それは、「選ばれたあなた達、おめでとうございます。仕事ができるあなた達だから、できると信じてお願いします」とタイトルが書かれてある。

①トイレを使用する際は、ドアを閉めること。
②流すこと。
③トイレットペーパーが自分の番で終わったら、または終わりかけたら、必ず新しいのを入れて置くこと。
④使ったお皿やコップは、自分で洗うこと。
⑤冷蔵庫の中の、他人の食べ物には手をつけないこと。

以上、専務からのメッセージである。

大人向けの張り紙ちゃうやん!!

しかし、ドアを閉めない&流さない事件は過去何度もあり、そのたびに開けた方と開けられた方がモメ、モメるたびに専務が仲裁という、全くもって低レベルな喧嘩が勃発するのである。さて今回はドアを閉めてトイレをするのだろうか……。

イギリスでの職探し

経営不振で閉店しかけたものの、精鋭を残して再開したデパートだったが、経営を立て直すのは難しく、結局閉店へ。5年半勤めた会社は退職金をもらって退社することとなった。当時は妊娠8ヶ月目だったのだが、出産を経て、去年の夏から気まぐれに職を探してみたりしている。景気は悪く、就職難といわれるも、人を募る会社は山ほどある。しかし、イギリス人の元同僚達でさえ、いまだ職探しに苦労している者も多いから、私のようなアジア人を採用してくれる場所があるだろうか……などと考え、期待せずにやっている。

数ヶ月前、世界展開するアパレル会社に応募した。この時は面接で「あなたの経歴は即戦力になるから、とても惹かれる」と言われたものの、45分もの間聞かれたのは国籍のこと、不法入国か否か、この国で働けるビザなのか否か、何故そのビザを持っているのか、フィリピンは日本なのか、タイとは違うのか、などであり、結果は不合格であった。

最近またアパレル会社に応募したが、ここの応募方法はネットからのみであった。

最初の質問が国籍はどこか?と問われる質問で、まあまあ驚いた。その後、アジアを選択したことにより、アジアの詳しい所在地を入力、合法ビザか否か……。前に受けた会社同様、国籍とビザ、何故この国に……という質問に答えるまでにおよそ30分費やした。

この間、アパレル経験の有無などは全く回答する場所がなく、1分後にメールにて「不合格です」と返信が来た。募集要項には「経験者求む。急募」とあったが、経験など聞かれることもないままの不合格であった。

なんか納得いけへんわ〜と思うも、イギリスは入れすぎた移民に苦しむ時代であるのも現実。そういう体制をとる会社があっても不思議ではないと思う。履歴書さえ見てもらえない応募……特定の国籍なら履歴書添付まで行けたのだろうか。今や日本も外国人の大量雇用で反対、賛成がある。外国人が増えすぎた、その先に起こりうる問題。

少し前、大型スーパーの前で「外国人追放運動」をやっていた。おー怖っ!!と思いながらも、今週も食品を買いにいく。別にその人達に見つかったからといって、なんやというわけでもないのだけれど、外国人に嫌悪感を抱く理由がわからんでもない外国人の私は、どういう顔で横切ればいいのか戸惑うのである。

ワクワクする職場

1年近い職探しの甲斐あって仕事が見つかり、水曜の午後、採用が決定した会社に契約に行ってきた。

「午後1時に来て」と言ったわりには、期待通りの全く書類が揃ってない状態。これも可愛いと笑える私は、もう日本に帰れないだろうか……。

通されたオフィスはスタッフの休憩所でもある。私の前の職場より遥かに綺麗で整頓されており、洗い物ひとつ放置されていない。

おおー!! これはマネージャーの管理よし!!

まずは洗い物が放置されていないのが合格。

「そこに契約書類置いてあるから、ちょっと目を通しておいて! 私、ペン探してくるから!」とマネージャーが出ていった。書類?とテーブルの上を見渡すと、ロゼワインのボトルの下にホチキスで留められた紙がある。

まさか……コレやろか？　ボトルを持ち上げ、下の紙を見ると私の名が……。

何で押さえとんねん!!

誰か飲んだのだろう。契約書類なのに、ロゼワインが垂れたのか、瓶の底のあった場所にピンクの丸い形がついている。マネージャーが戻ってきたので「これ、丸い形が……」と言うてみたが、「ああ、エエねん」とだけ返された。そない重要書類ちゃうんやな。

書類を書きながら「昨日2人急に辞めてん」とマネージャーが言い出した。「あんたの就労時間に、その子ら2人の時間も足してエエ？　アカンかったら、また募集せなアカンねん」とのこと。

ということで、急に勤務時間が予定していた3倍になってしまった。私の働きぶりを見てから増やさんでエエのやろか……。もしも私がどえらいアホで、足手まといのなんの役にも立たない販売員だとしたら……という想定はしないのやろか。

この行き当たりばったり感が気に入った。

なんかワクワクしますがな〜!!

スコットランド英語の恐怖

カーライルはイギリスとスコットランドの国境地であるため、両方の言語を理解しなければ仕事にならない地域である。しかし、車でたった10分しか離れていない上、同じ英語にもかかわらず、スコットランド英語は発音が大きく異なり、私にとってはかなり難しいレベルになってしまう。

私の中で、例えば車で1時間離れた地域でいうと、大阪~姫路である。しかし姫路の言葉はちゃんと理解できるし、多少の地元言語はあれど、わからんということがない。そのため、このたった20分とか、たった1時間しか離れていないのに、こんなに話す言語が理解できないことに、随分と戸惑うのである。

私が最も苦手とするのが、カーライルから車で1時間しか離れていない「グラスゴー」という都市。ここの英語はもう完全に英語に聞こえず、未知なる国の言葉にしか聞こえない。何度聞いても慣れず、頭を悩ませる。

がしかし、カーライルのイギリス人の友人達でさえ、「私らもグラスゴーは全くわからん。心配せんでエエ」と言うてくれるので、若干ありがたい。

毎日のようにスコットランド客が買い物にくる中、遂にその時は来た。私がレジをやっているると、ある中年女性が「すいません、○○はある？」と聞いてきた。3回聞いても私が理解しなかったから、怒り出したのも無理はない。

完全に怒り、呆れ顔で私を睨み、そのままどこかに消えた。1分ほどして戻ってきて、「これよ‼ 気分はどう？ 客がほしいものが見つかって嬉しいでしょう？」と言い、その商品を投げつけられた。

私はただただ詫びるしかなく、やはり自分は客を相手にする仕事をするにはレベルが満たない、早すぎる、会社に迷惑をかけるなら辞めた方がいいだろう……などと考えながら、ひとまず怒りに震える女性客を見送った。

スコットランドで育った旦那は、「コツと聞き慣れ。それも時間が必要」と言うが、今やこのスコットランド英語の客を相手にすることさえ恐怖になりつつある。

何を話しかけられるだろうか……。

また怒らせるのではないだろうか……。


例えば「like」は「ライク」と英語で発音するが、これがスコットランド英語になると「リィク」となる。「girl（ガール）」は「ゲロル」。これが長い会話の中にズラーッと入ると、もうなんの話をしているのかわからんようになってしまうのである。

とはいえ、これも全てのスコットランドではない。同じスコットランドでも、カーライルから車で5時間離れたアバディーンは比較的聞きやすい。

これも慣れではあるが、いったいこれから何度ものを投げつけられ、罵声を浴びせられるだろうかと思うと、若干落ち込むのである。


スコットランド英語……まだまだ学びが足らん英国生活である。

素敵なおばあちゃん

今日も朝から仕事。

相変わらずスコットランド英語はわからず、19歳のバイト女から「いい加減に覚えてほしいわ」と言われてしまった。覚えたいが、その前に言葉が理解できない。やはり私には無理なのか……と問答を繰り返しながらの仕事をする日々。

そんな中、素敵なおばあちゃんがレジに来た。商品をお買い上げになり、ふと私の制服の名札を見て、「あら？ 日本人の名前ね」と言った。「そうです、日本人です」と答えた私。すると「私は40年前、札幌に住んでいました。もうヒドイ日本語になってしまったけど……」と日本語で話しはじめた。「とても綺麗な標準語をお話しになりますね」と私が言うと、「ここに25年住んでいるけど、働く日本人を見たのは初めてよ。どう？ 楽しめている？ 大変なこともあるでしょう？」とおばあちゃんは言った。

気遣いの言葉に思わず心がほぐれてしまい、「今スコットランド英語と戦っています」と答えた私。

おばあちゃんは上品に笑い、「あなた駄目よ、スコットランド英語を英語と思っては。スコットランド語、つまり別の国の言葉だと思わなければ、気持ちが持たないわよ。言語習得は時間をかけずには不可能。私が札幌で身をもって学んだことなんだから。焦っても無駄というものよ」と言ってくれた。

「今日より来年は進歩してるんだから。頑張らなくていいのよ」と肩をポンポンと叩いてくれ、「じゃあね、バーイ!!」と笑顔で帰っていった。

思わず、おばあちゃんを抱きしめたくなった。

もちろん、そんなんしてへんけども……。

スコットランド英語を研究

恐ろしいほどお店の閉店が続いているカーライル。元同僚の友人も、やっと職を得たと思いきや、半年で新しい会社が倒産することになった。しかし、運よく仕事にありつけたからよかった。偶然にも、私の職場の斜め前なので、勤務時間と日にちが同じなら、車で一緒に行っている。

さて、この友人もカーライル人であるが、スコットランド英語（特にグラスゴー）が苦手である。前の職場の時も、私がわからない英語を彼女が助けてくれていたが、スコットランド英語だけは「私もわからん」と言い、なんの役にも立たなかった。

車の中で、「ほんまにスコットランド英語てわからんよなー」という話題になるのであるが、互いに新しいスコットランド英語を習得した場合は、朝の車で報告し合うという決まりになった。

友人が言った。

「あんた、これ知ってる?『I don't know(アイドントノウ/私は知りませんの意)』あるやろ?あれ、スコットランド英語やったら、『アイディナケン』って言うんやで!!」
「えー!! マジかー!!」と車内で爆笑、そして「そら、聞き取れへんハズやわな……」と凹むのであった。

友人「せやから、『I know(アイノウ/私は知っていますの意)』は、『アイケン』って言うねん。な?わからんやろ?」と再び爆笑。友人はこれを「I can(アイキャン/私はできます)」の意味と捉え、上司と全く会話が噛み合わなかったと言った。そら、そうなるわな……。

茶色の意味の「ブラウン」は「ブルン」て言うしな……などなど、こうして丸暗記しながら、ちょっとずつスコットランドに歩み寄っていこうという計画で、ただ今研究中。

今日も200%想像もつかない言葉をスコットランド人のお客様から聞かれ、遂に私の日本人の名前の書かれた名札を見て「ウエスタンのスタッフいるか?」と聞かれた。これが理解できる精一杯で、もうスマンのぉ~と思うしかないのであった。

社会は厳しい……。

大晦日の職場

大晦日の職場でのこと。開店前10分、副店長から「今から店長を驚かすから」と言われた。店長が鼻歌交じりで倉庫から出てきたところを皆で待ち構え、「店長！　大好きー!!」と言いながら、副店長が紙袋を渡した。

袋の中にはワインとチョコレート、皆で撮った写真つきのカードが入っている。カードには「店長、今年もお世話になりました。ありがとう。愛しています」と書かれてあった。店長は「あんたら……こんなん……ちょっと、泣いてまうやんか……」と号泣しながら、1人1人のスタッフを抱きしめた。私も店長に抱きしめられ「ありがとう」と言われた。しかし、何か罪悪感。何故かというと、私はプレゼント代を出していないからである。

自分が嘘をついているみたいな感じになり、私は副店長のところへ行った。私は「私、お金払ってないから払います」と言った。副店長は「いいの、いいの。私が勝手にやってることやから。誰からもお金もらえない」と言った。

私は「いやいや、それはアカン。店長からお礼を言われたのにお金を出していないなんて、罪悪感で年越されへん」と言うた。

副店長は「じゃあ……50円だけもらうわ。ごめんね、いいの？ 本当にいいのに……」と言う。

私は財布から500円を出した。

副店長は「そんな、もらえない！」と拒否。

私は「そうさせて下さい。ちゃんとお礼を言ったことがなかったけれど、1年以上、履歴書を30通以上も出し続けて仕事がなかった私に、副店長はここで仕事をするチャンスをくれた人。こんな英語もままならない私を信頼してくれた人。だから、改めてありがとうございます、そしてよろしくお願いします」と言いながら受け取ってもらった。

私も23歳の若い副店長に言うのは恥ずかしく、自分の手元を見ながら言ったのであるが、言い終えて顔を上げると副店長……号泣やんかー！

人間味と愛に溢れた職場に感謝。

しかし……日本の正月が恋しいんだよー!!

特別なお客様だけの日

月に二度、閉店後に特別なお客様だけのために、お店を開けておく日がある。

特別なお客様とは、障害を持つお子さんである。身体的な障害だけでなく、自閉症などの発達障害を持つお子さんなど、多い日は15人程度の子供たちが来られる。

これを始めたのは2年前のこと。店長のお友達のお子さんが、重度の自閉症を持っていたことがキッカケだ。こういう特別な日があれば、子供もお母さんも買い物がしやすいのではないか……と店長は思ったのである。

施設から来ることもあるし、個人的に予約されて来られる場合もある。障害によっては奇声を発したり、走り回ることがあるため、買い物に付き添う親御さん達にストレスがかからないよう、こうした気兼ねなく買い物ができる日を設けているのである。

私にとっては今回が初めてなのであるが、私が担当したのは筋肉障害を持つ9歳の女の子だった。特殊な車椅子に乗り、お母さんと買い物に来られた。

店長から「子供によって扱い方が違うから、わからないことは遠慮なく親御さんに聞いたらエエからね。失礼なことじゃないから!」と言われていた。

そのため、私はお母さんに「試着する際、どのようにしたらよいのか指示をいただけますか?」と言った。お母さんは快く「ありがとう」と言って下さった。

女の子とお母さん、私の3人で店内を回り、ほしいものを探す。車椅子から女の子を降ろす際、お母さんは実に丁寧に私に指導して下さった。試着を終え、レジへと向かう時、お母さんが言われた。

「この子、養女なの。障害があるから実の母親が1歳の時に手放したらしく、養子縁組を希望していた私たち夫婦のところに来たの」と。障害があるとわかった上で、養子縁組をしたのだとお母さんは言った。返す言葉がなかった。

「凄いですね」とも違う。「偉いですね」でもない。

衝撃が走り、このお母さんが、ただただ大きな存在に見えた。

世の中にはこんな縁もあるのだと、考えさせられる経験となった。

褒めて褒めて褒め倒す

職場でのこと。店長から「ちょっと後ろに来て」と言われた。

駄目だしである。

うちのお店は抜き打ちで、しかも結構な頻度で上司からの接客チェックが入る。店長も副店長から抜き打ちチェックがあるし、要は接客向上のための育成といえようか。

うちの中年女性店長は、とにかく人がよい。褒めて、褒めて、褒めちぎってくれたあと「ただ……1つ気になることが……」と言われた。

店長は「もっと客を褒めてほしいねん。これでもかー！　もうエエわー！っていうくらいに、褒めて褒めて褒め倒してほしい。特に孫連れの祖父母と子を溺愛しているのがわかる母親は、褒め倒して」と。

そんな言葉の引き出しない……。

ゴージャスだ、美しい、完璧だ、目を引く似合いようですこと！などなど……。こんな言葉を並べ立ててくれと言う。

しかーし!! そもそも、人を褒めるのが苦手な私。その上、言葉の引き出しが少なすぎて、客を褒めるのが下手なのは、前の職場のデパートでも同じであった。

初めて英語圏の国で暮らした時、ドン引きにも近い衝撃があった。それは人もペットも同じように、あらゆる褒め言葉で、べたべたに褒めるのである。もうそれは、「あんたのことが可愛いて、しゃーないんやで〜!!」という愛情表現である。初めて見た時、「うわ〜……無理やわ〜」と思った覚えがある。

褒めてもらって気分を害す人はいないであろう。それも仕事のひとつなのである。しかし、褒め言葉を丸暗記したとて、どの場面でどう使えば自然で、かつ客を上機嫌にさせるのかが、いまいち掴めていない。それゆえ、どうしても「お似合いですよ」程度で終わらせてしまう。

「お似合いですよ」では、客は満足しないと店長は言う。ここの店にまた来たい！と思ってもらえるように、めちゃめちゃ褒めろと言うのである。

そこで店長、「私が見本を見せるから、見ててや!」と、子供連れの客に近づいた。

「あらー‼ お名前は? あら、トビーっていうの? 何歳? え? 1歳? うわー‼ なんてゴージャスなの‼ 滅多に見ないわ、こんなゴージャスで賢いベイビー‼」とまず褒めた。

その後、店長は片膝をついて「私の名前は……」と自己紹介した。

1歳のトビー……ヨダレを出して店長を見つめているだけ。

店長は「今日は何をお探し? 初孫さん? 可愛いでしょうね〜。だって可愛いものね〜。トビーなら、何でも似合うわね〜、困ってしまうわね〜」と……こんな具合。

このテンションと口調で終始接客し、祖父母は喜び、結構な金額をお買い上げいただいた。なるほど……こんな感じやね……。


店長は「はい、次これやってみて」と言った。

……ちょっと壊れてみるしかない。

結局、「まだ言葉数が足りない」と言われ、この日の抜き打ちは終了。人を褒める言葉を練習するのみ。

クリスマスパーティーの楽しみ方

金曜の夜7時からクリスマスパーティーが行われた。うちの会社とは別に、8組もの会社から参加者がいたこともあり、大賑わいの会場であった。

8時45分、最初にアバの「ダンシング・クイーン」がかかるや否や、どこからともなく腰を振りながら登場するオバハン軍団。その中にうちのオバハン店長もワインボトル片手に参入。大合唱でダンスするという、異様でオモロイのがイギリスのオバハンダンスのエところである。もうこれを、かれこれ9年近く見てきたのかと思うと、ちょっとイギリスが好きになってまう。

私は車で行かねばならなかったので、ダイエットコーラを飲み続けてのパーティーとなったが、他の皆はテキーラとウォッカだけを飲み続けていた。しかしイギリス人は女も男も酒が強い。顔色ひとつ変えず、6時間飲み続けてベロベロにならないから大したもんだ。

1つ、ゲイの男前だけが座っているテーブルがあった。

ここに、全く関係のないテーブルの酔ったオバハンが乱入。ピチピチのミニドレスを着ているせいで、踊るとスカートの裾が股間あたりまで上がってきていた。後半は完全に半ケツ丸見せ状態であったが、お構いなしで自分の身体のやわらかさを見せていたオバハン。最後は開脚でしめた。

楽しむとはこういうことだと、この人から学ぶ私である。

後半、泥酔した店長から2人1組で片腕を組み、曲に合わせてクルクル回れという指令が出た。もう吐きそうであった。

というわけで、年1の必須参加の社内イベント、ひとまず1つクリアである。

Chapter

4

KIDS DIARY

4章

子育ての日記

イギリスの学校

こちらでは4～5歳から小学校に通いはじめる。もうその年齢で小学生かといわれればそうであるが、まだ「1年生」ではなく、「1年生準備クラス」と解釈する方がわかりやすいかもしれない。

旦那が小学校の教頭であり、特別学級の担任でもあるため、学校の話を聞くが、日本の小学校と随分違うと実感することが多い。

どこの地域もそうであるが、その地域ごとに学校の特色がある。

富裕層が多く、教育熱心な保護者の多い学校は教員や教育方針への口出しも多いが、その分、給食費の未払いなどはない利点もある。

逆に富裕層が多くない一部の地域では、保護者のほとんどが生活保護を受けていたり、保護者が服役中というのも珍しくない。給食費も未払いが当たり前となっている学校もあり、その場合は学校負担でギリギリの状況で運営することになるため、給食内容は悲惨である。

このように、学校によって出されている給食や開催されているイベント内容はかなり差がある。

また街中のとある小学校では、子供の60％以上がＥＵからの移民の子供達であり、ここでは英語が１００％ではない子供達のため、それをサポートするスタッフも多く働いていたりする。

カーライルは治安がいいとはいえない地域で、失業者も多く、旦那の勤めている学校も給食費を集めるのに苦労している。

旦那が受け持っている特別学級には重度の障害を持つ子供もいて、その対応をする一方で、教頭として、保護者から1日30件近く来るクレームメールにも対応しなくてはならない。メール返信、電話応答、時には面談も必要である。

クレームの内容は給食のことであったり、子供が校内で紛失したトレーナーはまだ見つからないのか、あの女教師の服が派手だ……などなど、実に様々。

子供に関わる仕事はその親とも関わることになるわけで、時に旦那を気の毒に思うのだ。

不安だらけの妊婦健診

イギリスに来て5年目、第一子を妊娠した。

日本と同じように、病院に行ってみた。まずは、産婦人科ではなく、自分の担当のホームドクターに診てもらう必要がある。

医師から「どうやって妊娠してるとわかったの?」と聞かれ、「市販の検査薬で反応が出ました」と説明。

「あそう。じゃ、あえて検査はしません。どうせ同じだし」ということで、「妊娠10週目あたりになったら、自分の家の近くの助産院に電話をして。あとは、助産師が全て説明してくれるから」と言われ、診察は終了。

そろそろ10週目か?と思う頃、家の近くの産院に電話を入れた。健診かと思いきや、「まずは家庭訪問を行いますから、住所言って。行くから」とのこと。

で、翌週、助産師は来た。ベテラン風の強そうなオバちゃん助産師と、「生徒やねん、この子」という若い学生さん。私の家族の病気遍歴などを聞き、「どんな出産がしたいか、決めといて」と至って簡単に診察。もちろん、私のお腹を診るとか、そういうことは一切なし。

私が「食べて駄目なものとか、ありますか?」と聞くと、「生のマグロ、生の卵、カマンベールチーズ&ブルーチーズ、以上」とだけ言った。「体重制限などは、必要ないですか?」と聞くと、「体重制限? なんで? アナタ子供産むのよ。ダイエットなんかしていいわけないじゃない」と、日本とは全く逆のことを言うのである。

さすが、ここはカーライル。

体重制限など、あるはずがない。

助産師さんが「まあ、理想は3・5〜5キロの子供を産んでくれたら、一番いいわね」と言った。

設定デカイねん!!

「どんな出産方法がイギリスでは主流ですか?」とうちの旦那が聞くと「普通分娩」と答

えた。

てっきり、アメリカのように、ほとんどが無痛分娩かと思っていたが、カーライルは日本と同様、普通分娩が主流らしい。

「でも、私のオススメは、水中出産」と助産師が勧める。「これは、普通分娩の半分くらいの痛みで、産める気がする」と助産師が言った。「あくまで気がするやで。私はこれで産んだことないから、知らんけど。見てたら、そんな感じがする」と言う。

まあそんなわけで、「13週目になったら、病院に行って超音波受けて。ほんで、また私に連絡ちょうだい」と言い、帰っていった。なんとも、あっけない感じである。

こうして、不安200％の妊娠生活が始まったのです。

放任主義

昨日は妊娠6ヶ月にして、2回目の病院健診に行ってきた。妊娠している者は、自分のカルテを家で管理し、病院に行く時と、助産院に行く時、これを持っていかなければならない。

病院といっても、医師に診てもらうわけではなく、ただ胎児を超音波で診るだけ。これは、全て看護師がやる。私は今に至るまで、医師に診てもらったこと

はない。どうやら、そういうシステムのようである。

胎児の写真をもらい、看護師から「一応、これで病院に来るのは最後です。あとは、陣痛が来た時だけ」と説明があった。

今後は、助産師の健診はあるが、出産まで自由行動である。

しかしここまで、体重を測定したこともなく、食べ物の指導があったわけでもなく、至って放任主義であった。日本の友人から体重管理を厳しく言われたから、それなりにやってはいるものの、イギリス式で行くなら、私は今頃ありえない体型の妊婦になっていたであろう。

私の場合、水中出産を予定しているから、出産当日も何かがない限り、助産師のみで行われるらしい。

まあ、そんなわけで、お腹が痛くなるその日まで、もう病院に行かなくてよいのである。

もっと太れと言われる

日本に帰ると毎回思うのは、日本人がなんとスリムなのか……ということ。100キロ級の人がワンサカいるイギリスでは、私でさえスリムに入るから、恐ろしい。

今日は助産師のところへ行ってきた。妊娠8ヶ月になり、初めて体重を量られた。しかし、妊娠初期の体重を知らんのに、何になるのか……と思っていたら、案の定「妊娠する前、何キロやった？」と聞かれた。妊娠に気が付く前、Wiiを家でやっていて、体重が何キロだったかを覚えていたため、答えることができた。

助産師は「あ、じゃあ今で6キロ増しだけ？」と驚いた。

6キロでも私の体型からすれば、増えすぎていると日本の医師なら言うであろう。がしかし、ここの助産師は100キロ級の妊婦を相手にしていることも多いから、「6キロなんて、かなりの優等生やわ。珍しい。だいたい、少なくて皆、15キロくらいよ、妊娠8ヶ月なら」と言う。

いやいや、アカン、アカン。私はイギリスに来て、そもそも10キロほど太ったままなのである。そこにきて、妊娠。せやから、6キロでもアカンのである。

助産師は、「ちなみにあなたの前に来てた人（確実に130キロは超えてるであろう人）、見た？　アノ人、まだ妊娠3ヶ月やで。しかも、今日は心音を聞こうと思ったけど、お腹の音が混じりすぎて聞こえなかったから、また数週間後に来てもらうねん」と言った。

あの体型からスタートしたなら、臨月にはどうなるのであろうか……と思うと恐ろしい。

もう1つ気になったことがあった。

私のミゾオチ部分から恥骨までをメジャーで測り、とあるグラフに当てはめ、今、胎児が何グラムかというのを知るものである。

7月に日本で健診を受けた時、最新の機械で胎児を見ながら、胎児の身長、胴回りなどをコンピューターで測定し、今の体重を割り出してくれた。その時、医師から「イギリスで、こういうのしたことあります？」と聞かれたので、「ないです。産まれてくるその日まで、正確な体重はわからないようです」と答えた。実際そうだからである。

だから、陣痛30時間の末、帝王切開してみたら、5・8キロあった例もあるのだ。日本なら、こんなにデカイ胎児は、最初から帝王切開で出すと医師が決めるはずである。

そのグラフというものも、別に私の体重とか身長とか関係なく、妊婦が今何週で、ミゾオチから恥骨までが何センチなら、今、胎児は何グラム……というもので、個人に合わせたデータグラフではない。

今回、そのグラフによると、胎児は既に2・5キロを超えていた。そのまま40週目まで行けば、4・5キロになるグラフ結果が出されていた。

怖い!! ホラーである。4・5キロなど……。

「ちょっと、私、太りすぎですか?」と助産師に聞くと「いいえ、小さいくらい。理想は5キロだから」と言っていた。アホ言うな!! 5キロなど、絶対に無理である。

「これから、どんどん食べて」と言われたが、野菜中心にしていこうと思う。

まあ、アナログなので、この結果がどこまで正解かといわれれば、ほぼアテにならんと思うけど……。

妊婦健診終了

前回の健診で担当助産師が私の検尿をするのを忘れたため、また助産院に行ってきた。

助産師には研修生がついていたが、この研修生は本当に愛想もよく、初めて会った2月に比べ、採血がとても上手になっていた。初めの頃、この研修生に採血されると、血が漏れ、内出血もひどく、注射器に血液が入っていかないハプニングが続いたが、それもなくなっていた。

「お腹を触らせて下さい」と言われたので、絶対に数年シーツを換えていないであろうベッドに横になり、腹を出した私。

研修生がお腹を上からギュギュッと押したが、助産師に「う〜ん……どっちが頭かわからない……。私、これ苦手なんです」と言った。

助産師も私のお腹を触り「う〜ん……多分、逆子ではない……? かな? わからん……」

と言って、健診終了。
いつもこんな感じである。

助産師から「予定日まで健診はもうなし。予定日を1週間超えても、産まれてこなかったら来て」と言われた。

「もしそれまでに陣痛が来て病院に行ったなら、逆子の可能性もあるから、超音波かけてと、自分から言って。そしたら、病院の人が何かやってくれるはず」と言った。

そうなのか……予定日までの3週間は、もう放任されてしまうんか……。そう思うと、ちょっと不安やんか……!!

まあ、なるようにしか、ならんケド……。

イギリスで水中出産

２０１０年10月17日、朝６時25分、３１７０ｇの子供を出産しました‼
金曜から来た陣痛は、土曜を通り越し、日曜の早朝まで持ち越しという、長丁場の出産。35歳の身体には、ほんまにキツかった……。

金曜の昼から陣痛が始まり、夜には５分間隔に。で、病院に行ったものの、「まだ子宮口が２センチしか開いてないから、家で待機して」と言われ、ひとまず帰宅。しかし、めっちゃ痛い……。アカン……こんなん待機できへん……。しかし、「帰れ」と言われたので、しゃーない……。

明けて土曜。５分間隔は続き、しかし「痛みの限界まで病院には来るな」と言われた以上、耐えるしかない。そうこうして、昼になり、もうアカン‼と思ったので、とうとう病院に行った。

しかし、12時間経過しても、子宮口は3センチしか開いておらず、どうやら胎児のアゴが引っかかって、難産になりそうであるとのこと。「何時間かかるかわからん」と言われ、そのまま入院。

そこから6時間が経過し、ひとまず水中出産のための湯に浸かることに。ここから、4時間湯の中に浸かるも、結局、子宮口は4センチまでしか開かない。「もう、人工的に破水させましょう」ということで、実行したものの、それでも経過は変わらず……。ここで、初めて医師登場!!

「促進剤を打ってみます」とのことで、軽い促進剤を打ったものの、いっこうに子宮口は変化なし。で、「二番目に強い促進剤を打ってみます」と試すも、これも変化なし。

結局、「あまり使用することないんですが、一番強い促進剤を打ちます」とのことで、これを投与。すると、驚くべき痛みが押し寄せ、そこから一気に出産へ進んだのだった。

結局、金曜、土曜と不眠不休で陣痛と戦い、生まれたのは日曜の朝6時半。ホンマ……大変でしたわ……。

2日半、不眠不休、ろくに食事もせずに付き添ってくれた旦那と義母は、子供が産まれて30分もせず、フラフラで帰っていった。

出産が終わって15分後、これが夢なのか現実なのか、もうワケのわからん私に、助産師さんが「お腹すいたでしょう?」と言い、何故かイチゴジャムを塗ったトースト8枚と熱い紅茶を持ってきてくれた。

がしかし……食えるかー!! 喉カラカラなんじゃー!! 血まみれの子供をお腹に乗せられたまま、トースト食えてかー?! もうエエ……とりあえず洗ってくれマセンカ? そして、ちょっと眠りたいんデス……。

けれど、気が付けばメチャメチャ腹の減っていた私は、トーストなど食べたくなかったが、それしかないので4枚食べた。

助産師さんは、なんやかんやと話しながら私や子供を見てくれていたが、朝の9時頃になり、病室を出たまま、昼の1時半まで誰も来なくなった。部屋のトイレのトイレットペーパーが切れ、飲み水もなくなったので、ナースコールを押したが、誰も来ない。

しかも、まだ腹の減っていた私は、昼の2時前になり、まだランチが来ないのも気になった。

と、15分ほど経って、私の部屋にランチが運ばれてきた。

やった!! やっと空腹を満たせるやんか!!と思いつつ、「飲み水下さい。トイレットペーパーも切れました」と言うと、「ナースコール押して」と言われ、そのまま部屋を出ていかれた。

しゃーない。また、ナースコールを押した。が、15分しても誰も来ない。

私はナースステーションまで歩いていき、「トイレットペーパー下さい。そして飲み水下さい」と言いにいった。すると、廊下の先にある手術室らしき部屋から、私を担当してくれていた助産師が手術着のまま顔を出し、「ちょっと待ってて！ 今、めっちゃ忙しいねん」と言ってきた。

「そこに飲み水のタンクあるから、自分で入れて。その横に、トイレットペーパーもあるから、好きなだけ持っていって！」と言い、助産師は中に入っていった。

さすが出産費用がタダなだけあって、セルフサービスなのか……と思いながら、股の痛みを我慢しつつ、水とトイレットペーパーを確保した。

部屋に戻ると、両隣の部屋からは陣痛のウメキ声が聞こえてくるし、廊下は妊婦を乗せたベッドが何往復もする始末で、結局、夕方の5時まで私は1人であった。

5時半頃、夕食を持ってきてくれた助産師に、「今日は忙しかった？」と聞くと、朝9時頃から続々と陣痛が始まった妊婦7人が運ばれてきて、うち6人が帝王切開になったという。しかも、子供は皆5キロ超え。

そら、普通に出てくるのは無理であろう……。

子供は夜になっても洗ってもらえず、産まれた時のいろんなモノが顔と身体に付着したまま……。あまりにも気になったので、助産師さんに「スイマセン……夕食のあと、子供の身体を洗ってもいいでしょうか……？」と聞いた。

私はてっきり、日本風に病院のスタッフが産まれたばかりの子供の身体を洗ってくれるのかと思っていたが、そんなにイギリスは優しくはなかった。

そうか、忘れていた。出産はさせてくれるが、風呂は別。助産師の仕事ではないのである……。

結局、夜になって、たらいを借り、旦那と2人でワケもわからず子供の身体を洗ったのだった。

ていうか、トースト8枚より、風呂入れてほしかった……!! そこ逆ちゃうか?と思うサービス。

出産翌日の月曜、どうやって母乳をあげたらエエのか、オムツはどうしたらエエのか……など誰も教えてくれないまま、疲労困憊《こんぱい》の中、無事に退院したのである。

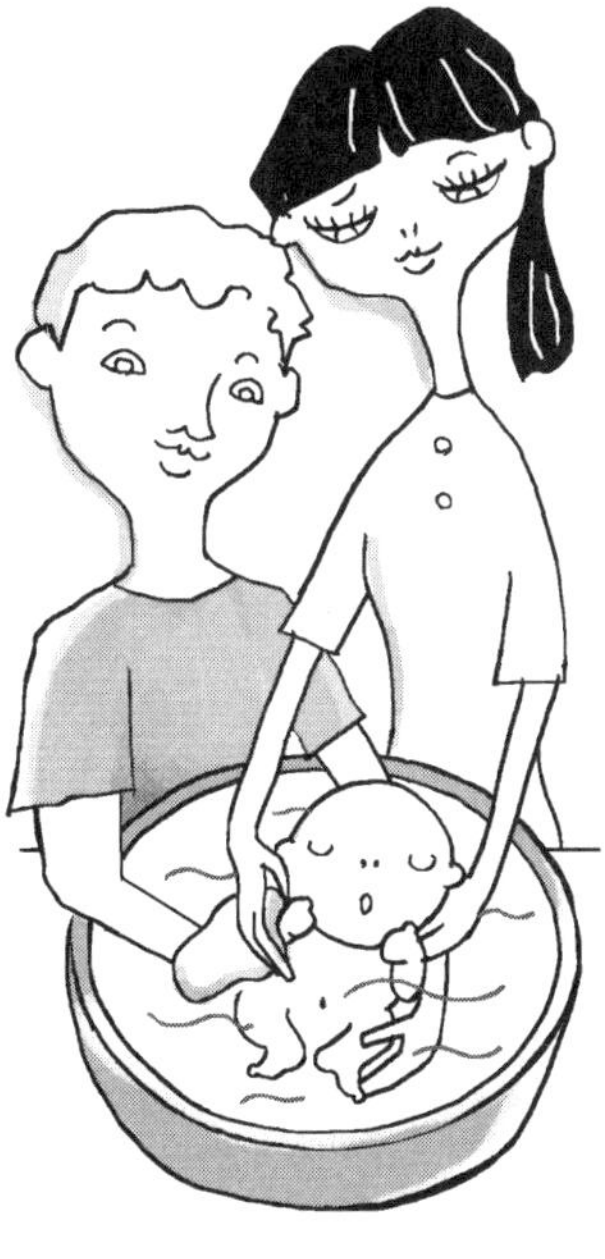

養子縁組

小学校教員をしている旦那であるが、土曜日にもかかわらず、今日は出勤しなければならなくなった。先週、市から連絡があったからである。

4歳になる男の子が、旦那の受け持つ「特別学級」に来ていた。「レセプション」と呼ばれる、小学校1年生になる前の準備クラスみたいなものであるが、彼がこの学校に通いはじめたのは3歳半になったばかりの頃であった。

3歳半であったが、言葉は全く話せず、飲み物は全て哺乳瓶から飲んでいた。家庭内では離乳食をいまだに食べていたため、学校が出すおやつや果物は、食べられなかった。

何故こうなったかというと、母親が1人で育てている環境であるが、家庭内では一度も同じ部屋で過ごしたことがなかったからだ。出産し退院してからは、一定の時間にミルクを与え、オムツを替える以外、子供は完全に別室に置かれていたのである。

薬物中毒の母親は、政府から全ての面倒を見てもらっている。粉ミルク、オムツ、離乳食は政府から配布されるクーポンをお店に持っていき、商品と交換できるシステムになっている。現金を渡すと、薬物に使ってしまう可能性があるからだ。

こうして3歳半になるまでTVも見せず、話しかけることも出掛けることもなく、ミルクと瓶詰めの離乳食を与え続け、言葉を聞いたり、話す機会を与えられずに育ってしまった。

この男の子は4歳であるが、身体は2歳半か3歳児くらいの大きさしかない。肌の色は牛乳のように白い。学校に来るようになってからは、固形物は上手に食べられるようになった。コップで水も飲めるようになった。しかしながら、言葉は「アーアー」や「ウーウー」をつなげる程度である。

このため、学習障害と言語障害があると判断され、旦那の持つ「特別学級」に入ってきた。しかし、担任である旦那は「この子は、なんの障害もないように見える」と言い続けてきた。「ただ、家庭環境が特殊なために、言葉が遅れているだけだ」と主張。

この訴えが通り、数ヶ月前から専門家による診断が開始された。結果は、問題なしであった。

問題は家庭環境にあると判断され、政府による家庭訪問と調査が開始。結果、この母親はこの子を保持する資格はないとされ、養子縁組が決定次第、母親から引き離す決定が下された。

養子縁組はすぐに決まった。ここから車で1時間離れた、海に近い田舎に住む夫婦が、引き取ることになったそうである。

そこで、担任である旦那は、彼の学校生活の様子や性格、必要な学習課題を伝えるため、この男の子の新しい家族となる夫婦とソーシャルワーカーに会いに、学校に出掛けたのである。

4歳なら、母親を覚えているから、恋しがる日々が何日続くかしれない。しかし、もう孤独に部屋に閉じ込められる日々はなくなる。どうか幸せになってほしいと、願うだけである。

娘の洗礼式

日曜日、娘の洗礼式を行う。

基本、うちは旦那がキリスト教、私は一応、仏教であるが、結婚式を教会で行い、初詣は神社に行くタイプであるから、混合宗教といえる。「洗礼式」を一応受けるが、日本に行けば「お宮参り」もするつもりである。信仰の選択は、本人が成長した時に任せるつもりであるから、キリスト教にも仏教にもなれるようにしておくのである。

イギリスでは、キリスト教徒を信仰している夫婦の子供の場合、生後6ヶ月までに「洗礼式」を受ける習わしになっている。「洗礼式」で、神のご加護を受けていなければ、地獄に落ちると信じられているからである。

うちの娘は10ヶ月を過ぎた。熱心なキリスト教信者の方からすれば、10ヶ月まで洗礼式をしないと、親の怠慢さを問われる。それほど、神聖な式なのである。

普段、私達は教会に行かないため、こんな時だけ教会を利用したいなどと申し出ても、却下されるケースも多い。まして、母親の私がキリスト教を信仰していなければ、尚更だ。

家の近く の教会3つにお願いしたが、案の定、断られた。こういう理由もあり、10ヶ月になってしまったのである。

友人に相談したら、友人家族が昔から通っている教会の神父さんに相談してくれた。快く承諾していただき、そこで式を行うことになったのである。

「洗礼式」を終えると、来て下さったゲストの方々に食事を振る舞うのが習わしである。ホテルやレストランなどの会場を貸し切って行われる場合もあるし、うちのように自宅で行う場合もある。

50人ほどのゲストの中には、グルテンアレルギーの子供2人、ベジタリアン4人もいる。しかも今回はベジタリアンの中でも更に強いベジタリアン信仰者がいて、彼らは乳製品や漂白された砂糖や小麦粉も食べない。そのため、オーガニックの全粒粉を使用したパンを作らねばならない。バターも卵も小麦粉も使わないケーキも焼かねばならない。

こんなん、絶対美味ないで……と、作る私が思うケーキを仕方なく焼くのである。

肥満児のママクラブ

生後11ヶ月を過ぎた娘の、体重測定に行ってきた。

しかーし‼ ウッカリしていた私は、体重測定が水曜日にもかかわらず、木曜日に行ってしまうという失態を犯してしまった。結局、体重は測定できず……。

体重測定はできなかったものの、いつもの如く、ここではいろんな「ママクラブ」が展開されている。今日は「ダイエット……」の文字が書いてあったので、スタッフの人に「今日、何やってるんですか？」と聞いてみた。スタッフの人は「今日は3歳以下で、医師から肥満だと警告を出された子供を持つ母親の、食事勉強会なの」と教えてくれた。

せやけど、母親も横綱級やんか‼

母親の体型からして、間違いなく母親がアカンごはんを食うてると判断できる。そんな家庭で出される食事を一緒に食べている幼児は、選択肢なく肥満になるであろう。

イギリスの出産事情は、3人に1人が帝王切開である。母親の過剰な体重増加による巨大児の確率が高いのと、糖尿病を持つ妊婦も他国に比べて多いという理由だと新聞に載っていた。

幼児の体重を元に戻すには、母親から改善しなければいけないわけであるが、来ている母親はコーラをガンガン飲み、連れている3歳以下の子供はポテトチップスを食べ、チョコレートを食べ……と、全く「ヘルシー」なものが見当たらんわけである。

「参考までに……」ともらった小冊子には、食事を改善する方法が書かれてある。

①フライドポテトをやめ、茹でるかオーブンで焼いたノンオイルのポテトにして与える。
②ジュースだけではなく、時々は水や牛乳を与えるようにする。

とまあ、こんな内容が24項目書いてあった。これを実践できるかどうかであるが、できないからこんな会に参加しているのであろう。

私がイギリスに来て最初に驚いたのは、特に若いイギリス人達がジュースしか飲まないこと、昼食はポテトチップスとフライドポテト……という内容を、毎日毎日、続けていたことだ。

私はマンチェスターの保育園で1年働いていたので、たまたま若いスタッフも多かったせいかもしれないが、それにしても、「この子らの栄養はどうなっているのだろうか……」と身体を心配してしまうほど、ひどい食生活。若いといっても20代である。

この世代が母親になり、子供になんの疑いもなくジュースだけを与え、自分も大好きなフライドポテトを与えていたら、そりゃあ医師から「危機的な肥満です」と言われるはずだ。食べている本人は、「フライドポテトも野菜やん！」と思っているのである。

来ていた母親達は改善したくて来ているのか、医師から言われて仕方なく参加しているのか、そこはわからない。栄養士が一生懸命に料理のアイデアを出し「たった10分でできる、簡単な子供メニュー!!」を教えても、家で作るかどうか……。綺麗に爪はネイルされていたが、その時間を料理には使っていないのが一目瞭然の母親集団であった。

こういうありがたい勉強会も、無料で受けられるイギリスではあるが、どこまで感謝の気持ちを持って参加している人がいるかどうかは疑問である。

初めてのキッズスイミング

さて昨日は子供のプールの日であった。

朝8時半に家を出て1時間歩き、プールの受付で「今日はベイビースイミングやってます？」と聞いてみた。受付のおばちゃんが「やってるよ」とパソコンに顔を向けたまま返事。お金を払おうと、きっちりの金額を取り出すも、まだ顔は上げず。

私は「支払いは先でしたよね？」と聞いてみた。おばちゃんは「そこ置いといて」と、再び顔を上げずに返事。

このプールは受付の横にある専用の場所に、ベビーカーを固定しなければならない。それにもお金を払い、専用のカギをもらうシステムになっているから、私はおばちゃんに「ベビーカー固定用のカギもお願いしたいので……」と言うと、おばちゃんは無言でカギを取り出し、ドン!!と置いた。再び「お金はそこに置いといて」とだけ言った。

イギリスのサービス業……最高やんか!!って思えるかーボケー!!

どんだけ嫌々仕事しとんねん!!

着替えを済ませ、プールへ。6人ほどの子供はアームバンド（水に浮くやつ）をしていて、うちの子供を含む他の数人の子供はしていなかった。

私はしていない母親に声をかけ、「アームバンドって必要なんでしょうか？」と聞いてみた。その人も「今日が初めてで……必要なんでしょうか……ねえ？」と不安気味。

レッスンが開始されたはいいが、先生はアームバンドについては触れない。アームバンドをしていない子供の母親は、しっかりと子供を抱きかかえ、レッスンについていってはいたが、途中から絶対にしていなければできない内容になってきた。

すると1人のお母さんが先生に向かって「アームバンドのこと、知らなかったんですけど、必要だったんですか？」と聞いた。先生は「ないと不自由よね」と答えた。

お母さんは「電話でレッスンの問い合わせをした時、必要なものは何か？と聞いたが、アームバンドは教えてくれなかった」と言った。

すると先生は「だっていちいち言ってないもん」と言う。

どんだけシークレット情報やねん!!

結局、後半のレッスンはアームバンドをつけていなければできなかったため、つけてこなかった子供達はおもちゃで遊ぶだけとなった。

レッスンが終わり、更衣室で着替えていたら、別のお母さんが「私も初めて来た時、アームバンドのこと知らなかったから、結局お金を払ったのに見学だったのよ」と言っていた。

悲しいかな……ここしかキッズスイミングをやっていないから、ここに来るしかないのであるが、この接客と先生……。

今日もイギリスの空の下である。

パスタプレイとジェリープレイ

カーライルの職場で出会って仲良くなった、うちの娘と6週間違いの子供を持つ元同僚。生後6ヶ月から、天才児を育てるという広告で有名な某英才教育を受けさせている。

この中に、「パスタプレイ」（茹でたスパゲティを大量にプールの中に入れて、オムツをつけただけの乳幼児を入れて遊ばせる）、「ジェリープレイ」（味のついた食べられるゼリーがこれまた大量にプールの中に入っており、その中にオムツをつけただけの乳幼児を入れて遊ばせる）がある。

先日、久々に一緒にランチをした時のこと。

私が娘に「ナポリターナ」という名のスパゲティを注文した。娘がフォークと手を使いながら、がむしゃらに食べているのを見て、友人が「スパゲティ上手に食べるのね〜。うちなんて、すぐに遊んでしまって困ってるの。どうやって、そんなに綺麗に食べさせてるの？」と聞いてきた。

コツなどない。ただお腹がすいているから、食べているだけである。

私は思った。スパゲティで遊ぶのは、生後6ヶ月から連れていっている英才教育で、「パスタプレイ」をやっているからではないのか？と……。「スパゲティ＝遊んでもいい」……この公式が刷り込まれていて、スパゲティを目の前にすると、つい遊んでしまうのでは？と、友人に聞いてみた。

友人は自信満々に「それはないわ!!」と言う。

そうやろか……裸で、しかもスパゲティで遊ぶと先生や親から「よくできたわね!!」と褒められて今までやってきた。なのに、昼食や夕食の時のスパゲティは遊ばずに「食べろ」と言われる。これが生後6ヶ月から植えつけられていて、理解と区別がつくのだろうか？

私は疑問に思いながらも、まあ我が子の問題でもないし、スパゲティを食べなくとも、そないに問題はなかろうと思い、話を流した。

友人は私に「うちの子、ゼリーを食べないの」とも言った。

私は「あ、そうなの〜」と流しながらも、心の中で「ほら!! それもジェリープレイの影響ちゃうんか!!」と思っていた。

友人が英才教育に連れていきはじめた頃、「うちの子、ジェリープレイは気持ち悪がって、とにかく泣いてばかりで遊ぼうとしないの。あの手触りが嫌なのかしら？　1人だけ泣きまくるから、恥ずかしくって……」と言っていたのを思い出す。

誰でも嫌であろう……プールの中に、大量にプルプル震えた薄ら冷たいゼリーが入っていて、そこに裸で放り込まれるのである。そら……ゼリー嫌いになるわ……。もう見るのも嫌であろう。毎週毎週、あのプルプルしたヒンヤリゼリーの中に入れられるのかと思ったら、彼は胃も痛んだことと思われる。しかも笑顔で遊べ、しかしゼリーは食うなと言われ、バシャバシャと写真を撮られまくる。それなのに、食卓に並ぶゼリーでは遊ぶな、食えと言われる。

乳幼児にしてみれば、俺はどうしたらエエねん!! オカン……どないしたらエエねん!!と訴えたかったであろう。

気の毒に……と思いながらも、友人も悪気はないのである。ただ親として、天才児を育てたいだけなのである。

いつか彼が、スパゲティを食べる日が来ることを祈るばかりである。

二度目の妊娠

イギリスで病院に関わるには、勇気と忍耐が必要になってくる。全ては自己管理と、しつこく言うたモン勝ちなのである。

さて前回同様、今回も妊娠を自覚した私は、まずは自分のかかりつけのホームドクターにそのことを報告せねばならない。ホームドクターは別に検査をしてくれるわけではなく、「検査薬やった？ ほんで陽性やったん？」と聞くだけ。医師は私が住むエリアを担当する助産師に連絡し、「まあ、そのうち連絡来ると思うで～」と言うだけで終わる。

連絡を受けた助産師は、まずは家庭訪問に来る。これは、子供を生み育てるに値する状況にあるかどうかを見定める判定も入っているらしい。

こうして家庭訪問で「ブルーチーズやカマンベールなどの半生のチーズ、エビなどの甲殻類、ナッツ類は食べんといて」と説明され、その日は終了。別にお腹を触られるとか、何かされることはない。その時は、「あなたの予定日は○月○日ね」と教えられるのみ。

数週間はなんの連絡も来ない。そして1ヶ月以上、いや2ヶ月ほど経過して、助産師から連絡が来た。「大きな病院に行って、超音波かけてもらってきて」と言われる。

予約を取り、超音波検査。しかし、相変わらず性能は悪く、画像はザーザー、担当者は「画像はクリアじゃないけど、動いているのは見えるわね」と言って終了。

超音波検査を受けている時のこと。担当の人が「予定日はいつって?」と聞いてきた。「○月○日です」と答えると、担当者は「違うわよ。この画像の感じじゃ、○月○日ね」と2週間早めてきた。


ということで、私の予定日は当初より早まった。このことを健診1回目の時に担当助産師に言うと、「ふーん……私は違うと思うけど……」と言う。

いや、いや……どっちやねん!! その差は大きいのである。仕事をしている私は産休に入る時期を上司と相談せねばならんのである。そのため、2週間の差があっては困るのだ。しかし、そこはイギリスの助産師。「まあ、どっちでもエエやん?」と言うだけ。そこ……重要ちゃうねんな……。

あやふやなまま、1回目の健診終了。

極寒のプール

冬の日の朝、凍結している道をゆっくりと走り、なんとかプールへたどりついた。受付でいつものようにお金を払い、更衣室へ。寒くなってくるとプールの水温も冷たく、更衣室に至っては暖房もない状態。着替える時は極寒だから、来る人も半減。しかし、客からクレームを受けても「しゃーないやん、設備がないねんから」と気にしない。

それでも娘はプールに来ることを楽しみにしており、「バシャバシャ」「キックー！キックー！」などとはしゃいでいるから、連れてきた甲斐もあるというもの。

開始5分前になっても、更衣室には誰も来ない。いつもなら15人ほどのお母さんと赤ちゃんが来て賑わっているのに、今日は誰も来ない。「寒いから来へんのやろか……」と思いながらも、寒さに慣れているカーライル人……こんな気温で来ないはずはない。

プールに行くと先生が来て「今日あなた達1組だけやねん。マンツーマンでやってもしゃーないし、今日は勝手に遊んで」と言った。

私は「今日は寒いから、誰も来ないんでしょうかね？」と聞いてみた。

先生は「ああ、多分……水曜日の朝から、プールの水温を保つ機械が壊れてしまって、12組のお母さんと子供が来てんけど、寒くてとてもじゃないけど泳げる状態じゃなくってね。さすがに返金したわ。だからかも……」と言う。

私は「で、修理完了ですか？」と聞いた。先生は「しつつ……ある」と言う。しつつ……やったらアカンねん!! 完了してから金取れー!!

先生は「今入ってみて。ほんで寒すぎやったら出て。お金返すから」と言う。

いや、いや、いや……プールを目の前にテンション最高潮の2歳児を連れ、「寒いから帰ろう」と言うのか……。

そうこう言うてると、遅れて3組のお母さんと赤ちゃんが入ってきた。先生は「水、冷たいかも」とも言わず、お母さん達はそのまま入水。ほんで悲鳴。「ヒャー!!!」と言う。そら叫ぶわ……。娘は待てずにプールサイドから飛び込んだ。しゃーない……入ってみて寒かったら出よう。

こうして4組だけのレッスン開始となり、45分ほど経過した頃。息をすると胸が突かれたように痛いのを感じた。気のせいか……と思いながらも、深く息をすると痛みが走り、呼吸がしにくい。そうこうしているうちに、手首から先がしびれてきた。もう感覚はない。両腕につけたアームバンドだけでバタ足泳ぎができるようになった娘は、得意げにプールで泳いでいる。しかし、もう私がアカン……。

娘を「ケーキ買いにいこか？」「ジュース買ったるわ！」「おもちゃは？」などとものでで誘惑し、なんとかプールから出ようと頑張って15分。遂に娘が納得した。

めちゃめちゃ身体が冷えている上、暖房のない更衣室である。バスタオルで娘を包んでも震えているから、ドライヤーを2個かけっぱなしにし、温風を当てながら身体を拭いてやった。

受付を通る時、「寒かったやろ？ アハハハー!!」と爆笑した受付のオバハン。しばくぞボケー!! 先に言えよ!!

私は「来週は修理できてますかね？」と聞いてみた。オバハンは「さあ、知らん。来てみたらエエやん。ほんでアカンかったら帰ったらエエやん」と言う。

来へんわ!! こっちはマイナス4度で来とんねん!!

私はそのまま保育園に子供を預けて出勤。

夜、旦那が7時半頃に帰宅。髪の毛が濡れている。まさか……!!

旦那「プール行ってきてん。空いてたわ〜。3人しかいてへんかってん！」と満足げ。

私「寒なかった？ 水温の機械、壊れてるらしいで」と聞いてみた。

「知らん。寒くなかったで」

「ほな、温かい水やった？」

旦那「…………覚えてへん……。いつも通りやったかな……そう言われたら冷たい気もしたけどな……。ああ、だから人少なかったんや！」と言う。

恐るべし!! 北国育ち!!

うちの旦那はスコットランドの北の北で育っているから、マイナス4度でも膝丈ズボンで外を歩く体感温度の壊れた男である。

そんなわけで土曜の早朝、今日はマイナス7度の中、旦那は再びプールに出掛けた。

入院準備

出産を目前に控え、そろそろ病院に入院する用意を始めることにした。

とはいえ、出産して8時間もすれば退院なのであるが、何があるかわからないので、念のため2～3日入院しても大丈夫な用意だけはしなくてはならない。

数週間前から義母に「用意はできているの?!」と何度も聞かれ、そのたびに「パジャマを買いにいくだけですから……」と濁してきたが、もう待てないと思ったのか、義母がパジャマを買ってきてくれた。

早速、洗濯しようと思い、袋から出して失禁しそうになった。なんと、巨大なゴリラのアップリケがついていたのである。

これはキツイ……。40歳前の女が、さすがにゴリラはない……。個室ならともかく、大部屋にでもされた日には、確実に見られるであろう。そして確実に笑われるであろう。小学生ならともかく、あえて何故この柄……?

ゴリラの絵柄のTシャツに、真っ赤なズボンがついていて、そこにも小さなゴリラの絵が無数に入っている。

私、一言もゴリラ好きや言うたことないけどな……。

黙って返品するのも悪いが、かといって絶対に着たくもない。

家の中だけならエエ。しかし、入院用にあえてコレである。

出産記念としてこのパジャマを着、我が子を抱いた写真が一生残るなど、絶対に嫌である。なんちゅうパジャマ着とんねん!!と私が助産師なら思うであろう。

こうして義母には悪いが、返品してきた次第。

スンマセン……義母さん。感謝するがコレだけは……。

オネエ助産師と出産

陣痛が始まり、病院に着いたのは夜中の11時前。とても若い女性の助産師が、2年半前に娘を出産した時と同じ個室&分娩室&入院室を兼ねた部屋に通してくれた。

まず部屋に通され「で？ どう痛み？」と聞いた。

痛いに決まってますがな……。

次に、「コーヒー、紅茶、ホットチョコレート、どれにする？」と聞いた。

そんなんいらん!!

しかしうちの旦那「じゃあ、ブラックで……」とオーダー。

帰れボケー!! 喫茶店か!!

助産師は旦那と自分の分のコーヒーを10分後に持ってきた。しかし、別に私の腹の様子を診るでもなく、「最初の子供の時はどうだった？」「緊張した？」だの雑談。しかし、その間も私の陣痛は2〜3分間隔で襲ってくる。

そうして夜中の12時前になり、やっと「胎児の心音でも聞こうか」となった。しかし直後、隣の部屋の妊婦さんの胎児の頭が急激に出てきたとのことで、若い女性の助産師はヘルプのため退散。

代わりに来たのが、オネエの男性助産師であった。皆が紺色のオペ着とサンダルを履いている中、この人だけはピンク色というなんともキャラの濃い人が私の担当になった。私の様子を見て、「そうね、明け方の2時半に出すわ!!」と言った。

そうして私の希望通り、水中出産するべく、大きめの浴槽にはられた湯に浸かりながら私は陣痛と戦い、オネエ助産師とうちの旦那は、何故この人が助産師になったのか、ロンドンに長く暮らしていたこと、今の生活などを雑談。私に「好きな時にイキんで〜!」と指示するだけ。

結局、何がなんだかわからないまま出産となったが、本当に午前2時半に子供が出たから驚いた。

その後「シャワーでも浴びればいいわ」と助言され、シャワー室へ。

私が出産したカーライル唯一の病院の産科病棟は、部屋により設備が異なる。一部の部屋には専用シャワーや浴槽、トイレが完備されているが、私が二度出産した際に使用した部屋はシャワーや浴槽、トイレが隣の部屋と共同だった。隣の部屋で立ち会う家族も使用するため、決して清潔とはいえず、使用中の場合は廊下の奥にあるシャワー室まで歩いていかねばならない。

私は全裸のままシャワー室まで廊下を渡って歩かされ、途中、誰かのご主人らしき人とすれ違い、物凄い気まずい思いをした。

旦那はすぐに帰宅。

それから誰も様子を見にくるでもなく、1人子供の世話に翻弄され、明け方の7時に「ハロー!! 今から帰るの～!!」とオネエ助産師が来た。今からパン屋に行くと言うていた。そんな情報、聞いてへん!!

その後、私はようやく眠りにつけたのであった。

出産6時間後

さて出産して6時間後……ウトウト状態で眠っていたのであるが、突然ドアが開く音で起きた。

ここの病院の産科は、個室と分娩室が兼用になっているため、ドアを開けると股が全開になっている……ということはもちろんありうる。しかも、部屋の前に妊婦の名前など書かれていないから、間違って家族や見舞い客がドアを開けてしまえば、まさにその部分が!!ということにもなりかねない。

誰かが間違って!!と思い、飛び起きると、エプロンを着たおばちゃんが「コーヒー？紅茶？ホットチョコレート？オレンジジュース？どれ?!」と叫んでくる。

ああ……朝食の時間かいな……。ノックも「グッドモーニング」もない。ただ早よ答えー!!と言わんばかりの聞き方なのである。

無言で紅茶を持ってきてくれたので、一応「サンキュー」と言うも、おばちゃんは「あとから朝食持ってくるから、取りにきて！」と言い残し、ドアを思い切り閉めた。

数分後、今度は別のおばちゃんがドアを突然開け「トースト？ コーンフレーク？ どっち!!」と聞いてきた。「トーストで……」と答えると、「廊下まで取りにきて!!」と言い残し去っていった。

ドアの前にいてんねんやったら、持ってきてくれてもエエんちゃうの？と思いながらも、サービスを期待している自分に反省。

廊下のテーブルに置かれたトースター……。おばちゃんが「パンが飛び出てきたら、自分で好きなだけ持っていって。そこにバターとジャムあるから！」と言った。飛び出るのをジーッと待ち、２枚皿に載せて部屋へと戻る。このなんとも侘しい感じ。１人くらい、日本で産み、日本のサービスのよさを味わいたかった……。

トーストを２枚食べ終わると、外から「皿持ってきてよ〜！！！」と叫ぶ声が……。どんだけ動かされんねん!!

再びウトウトしていると、今度は助産師がやってきた。

「８時間経過したから、帰ってエエけど。どうする？ 泊まる？ 帰る？」と聞いた。私は「いえ、泊まります」と答えた。すると助産師、「ほな、大部屋移ってや。荷物まとめて、あっちの大部屋移動して」と言った。

自分で荷物をまとめ、持ってきた小さなスーツケースを右手に、左手には我が子が眠っている車つきのベッドを押し、股の痛みを気にしながら長い廊下を歩いて大部屋へ移動。まるで刑務所に入ってきた新人気分である。誰も助けてなどくれない。

しかしながら、イギリスの女性はほとんど入院しない。そのため、私と同じ日の同時刻に子供を産んだ4人の女性は、既に帰宅していたため、大部屋に結局は1人であった。

昼になり、「ランチやでー!!」と再び大部屋の外から叫ぶ声。

わかったわ!! 取りにいくがな!!

メニューはローストビーフ。これは2年半前、娘を出産した時にも全く同じメニューであった。

入院しても、ゆっくり眠れないのが英国流なのである。

衝撃の後産

さて、この話は男性には少々グロテスクと思われますことを先に書き記しておきます。

出産のあとに体内に残った胎盤などを排出する「後産《あとざん》」というものがある。この後産、私がイギリスでの二度の出産経験を経て思ったのは、物凄く無茶というか粗い。

まず水中出産をした私は、水中でへその緒を切った。

その後、助産師さんが子供をバスタオルで包み、体重を量ってくれる。そのまましばらく水中で待たされたあと、「水から上がって」と言われるのであるが、切り離したへその緒は、私の股の間からブラ～ンと垂れ下がり、その先には医療用ハサミが挟まれたままの状態である。

その状態で血の海と化した水中から上がり、横のベッドに自らよじ登るのであるが、その股からぶら下がったへその緒の先のハサミが、まあまあ重い。かつて、そんなところから何かがぶら下がったことも、先端に金属がつけられたこともないから、あまりの自分の滑稽な姿に笑ってしまう。

そのままでは、あまりにも歩きにくいため、ハサミを自分で下から持ち上げ、それを片手に持ったまま水から出て、ベッドに横になった。

後産はここからである。

大股を開き、オネエ助産師が股から出ているへその緒を持ち「ハイ〜!! 引っ張るわよ〜!!」と言いながら、グイッと引っこ抜く。下腹部の中からゴポ!!という、聞いたことも感じたこともない音と共に、後産が終了するのである。

その感覚たるや、下半身が痛みなく引っこ抜かれたようである。

日本ではそんな手荒な方法ではしないそうで、この話を日本の助産師にすると「怖っ!!」と言うが、こうしてイギリスの出産は繰り返されてきたのである。

貴重な経験ができて、よかったと思うのである。

乳腺炎

2年半前、1人目の子供を産んですぐに乳腺炎になってしまった。三度ホームドクターに行き、2人の保健師に相談するも全く相手にされず、結局は悪化して手術を受け、その後6ヶ月間痛みに苦しんだ。今もその傷跡が冬になると痛む。

そんな経緯もあり、今回も母乳を与えない方針で行くと決めていた。しかしながら身体は母乳を生産しはじめ、出産2日目にして傷跡付近に違和感が出はじめた。寒気、熱、痛み、しこり……完全に乳腺炎の兆しである。

ここでは入院しない代わりに、出産後10日間だけ地域の助産師さんが毎日来てくれる。私の担当助産師はスペイン旅行中なので、代わりの人が来た。彼女は既に引退しているおばあちゃん助産師なのだが、人手が足りない時だけこうして出てきてくれるという。

子供を抱くことも痛む乳腺炎、私はこの助産師さんに相談してみた。彼女は念入りに胸を触診し、「母乳のスペシャリスト」なる人を呼んでくれた。

更に「どうして、前回こんなことになったの？　誰も助けてくれなかったの？　医者は何をしてくれたの？ 保健師は誰だった？」と親身になってくれ、「こんなになるまで放置させたことを申し訳ない」と詫びてくれた。65歳になるまでフルタイムで助産師をしてきた彼女。「ここまでひどいケースは2人目」だと言った。

また「乳腺炎は早期治療で十分に治るもの。こんな手術痕を残すほどのひどさなのに放置したなんて……痛かったでしょう。ごめんなさいね。今回は私が絶対に治すから安心して。放置なんてしないから」と言ってくれた。

彼女のおかげで、出産8日目にして乳腺炎も消えた。毎日通い、胸のマッサージを施してくれた。痛みがひどい日には、1日に二度、しかも夜に来てくれたこともあった。

ここまでに温かい診察をしてくれた助産師さんに、私は心から感謝すると共に、彼女との出会いにも感謝せずにはいられない。水曜日で彼女とお別れになるが、たった10日間だけ携わってくれた助産師さんに、私は救われたのである。

「手をよく洗うから、手荒れするの」と言っていたので、クラランスで働く友人にハンドクリームを持ってきてもらった。水曜、彼女とお別れの際に手渡そうと思う。こういう出会いは、外国での産後のホームシックな気持ちを芯から温めてくれるのである。

クリスマス礼拝

クリスマスイブの24日、夕方から教会にクリスマス礼拝を受けにいった。

私は仏教徒、旦那はカトリックと義母から言われて育ったものの、実は無宗教にほど近い。しかし、ここで子供を育てていると教会に関係せねばならないこともある。

うちの子供2人をどこの教会も受け入れてくれなかった中（私達夫婦がカーライルに縁もゆかりもない新参者だったのと、私が仏教徒なので快く受け入れてくれる教会がなかった）、友人の紹介で快く洗礼式を受けて下さった神父さんには、やはりこんな時は挨拶に行くもの。


うちから車でぶっ飛ばすこと30分、小さな小さな村の教会にて今回の礼拝は行われた。

教会に入ると、見るからに優しそうな老婆が私達を迎えてくれた。

「あら？ あなた見たことない顔ね？ どこから来たの？」と私の手をさすった。

旦那が理由を説明。本来なら、受けて下さった教会と神父さんへの義理立てとして、毎週の礼拝に通わなければならないのかもしれないが、クリスマスだけ挨拶に伺わせていただいていると言った。

老婆は「いいのよ。どんな宗教も来る回数は関係ない。ただクリスマスという日を、平和に過ごせることに皆で感謝するのが目的なんだから。さあ、さあ、入りなさい」と迎え入れてくれた。

息子は走り回り、娘はキョロキョロするばかり。あとから続々と入ってくる村の人から見れば、私は見たことのない顔。しかもアジア人を見るのが珍しいから、完全に宇宙人を見るような目であったが、それでも下手なレストランや飲み屋などで受ける奇怪な目とは完全に違う。

老婆が教会内にあるロウソク1本1本に火を灯しはじめた。

それを娘がジーッと見ていたからか、老婆が「さあ、手をつなぎましょう。私のお手伝いをしてね」と、娘の手を引きながら火を灯していった。その光景がなんとも温かく、人の温かみとはどんなものにも代えられないと改めて実感する。

教会の一番後ろにあるロウソクに火を灯そうと、老婆は後ろに置いてあるツリーを横切った。ツリーには電飾が飾られてあり、コードは床に無造作に置かれてある。瞬間……コードが老婆の足首に絡まり、それをうちの旦那が「あ、危ないですよ。ちょっと！ちょっと取りますから、じっとしてて」と言った。

老婆はそのままジーッとはしておらず、何故か旦那の方に向きを変えたため、コードが更に絡まった。

ジーッとしていればいいものを、うちの旦那が絡まっているコードを外している最中に自分でも取ろうとしたから、そのまま前のめりに倒れてきた。手には火がついたままのロウソクを持っている。

老婆は「受け取ってー!!」と言い、ロウソクを旦那に投げ渡した。

無事にロウソクは受け取ったが、ツリーごと老婆は転倒。コードの絡まりを取るのに20分ほど要し、礼拝が遅れた。老婆に怪我はなく、「よくあるのよ」と笑っていた。

帰り際「いつでもいらっしゃいね」と老婆が私の頬を撫でた。

こんな出会いに心が和む。

Have a lovely
Christmas!!

70％を目指す

仕事はしているが、それでも言葉の壁はある。しかし、その壁をマイナスだと思っては何も前に進まない。客に怒られる時があっても、「だってわからんもん‼ しゃーないやん‼」と自分に言い聞かせ、同僚や上司、旦那に「こう聞かれたんやけど、あれってどういう意味？ 何を聞かれてたの、私？」と確認して前に進むのみ。

と、こう書いてはいるが、壁は様々な場所にある。

1つは娘の幼稚園。先生が何かを言ってくれても、それが100％わからないこともあるし、わかっても100％で返せないこともある。「あなたは大人しい性格なのね」と言われることがあるが、それは英語で100％返せないからである。本当はまあまあオモロイこと言う女やねんけども……というても表現できない限界を痛感する。

また、娘が通うバレエ教室は、カーライルで老舗中の老舗である。また、カーライルに5つあるバレエ教室の中で、唯一、教える先生が公認の指導資格を持っている人である。

別に4歳前後がバレエを習うには、バレエ経験者でもエエのであるが、無資格ということは指導の勉強をしていない人になる。つまり、どういう動きが身体のどの部分に無理と故障をもたらすかなど、身体とバレエの関係性を知らないということになる。それもあり、バレエを真剣に習わせたい人は、レッスン料が他の2倍でもここに通わせている。

私はこのバレエ教室のお母さんの中に馴染めない。お母さん達のキャラが濃いというのだろうか、なんともいえない雰囲気がある。娘を待っている時間が苦痛でしゃーない。

多分、たった1人のアジア人母親を、向こうも「あの人は英語が話せはんのやろか……話しかけても理解しはんのやろか……」と思っているであろう。それなら話しかけない方が無難で、私も話しかけられない方が無難で、今に至っているのである。

時々、こんな雰囲気に虚無感を感じることもあるし、すっかり気にしていない時もあるし、まあしかし、仕事ができているなら言語の壁も相手によりけりかと思う今日この頃。

いつか100%英語がわかる日は来るのだろうか……と旦那に言うと、「わからんでエエと思うで。70%くらいがちょうどエエ」と言っていた。

いろんな意味で70%を目指してみよう。

イギリスで水疱瘡

土曜の朝、娘の身体に赤い発疹を確認。

いよいよ来たか……水疱瘡の時が！

こんなこともあろうかと、水疱瘡《みずぼうそう》の薬は用意してあったので慌てない。

日本から送ってもらった「子供の医療本」を見ると、すぐに医者へ!!と書いてある。しかしここでは医者に行っても何もしてもらえない。「薬局に相談してくれ」という言葉を、わざわざ医者に聞きにいくようなもの。

それでも慌てる母親は、一応医者に行くケースもあるが、時間の無駄。薬剤師さんのアドバイスを受け、熱さましと水疱瘡関連の薬品を購入するしかないのである。

去年、娘が通うアスレチック教室の待合室で母親達と雑談していた時のこと。水疱瘡の話になった。

1人のお母さんが「アカンってわかっててんけど、医者に一応診せにいったら怒られてん。感染するから、連れてきたらアカンやろ！って……」と言った。

別のお母さんも「あー私も1人目の時、知識がなかったから医者に行ったで。でも受付で門前払い。薬局行ってくれって」と言った。

そんなわけで、医者に行く意味がないことを知っていたのである。

私は2箇所の薬局を巡った。薬剤師によって、オススメ薬品が違うのではないかと思ったからである。案の定それぞれに違ったから、行ってよかったと思う。備えあれば……とはよく言うたもんである。

イギリスに来てから、薬剤師さんに相談することが増えた。日本にいた頃は、せいぜい風邪薬を相談するぐらいであったが、こんなに薬剤師さんが活用できると思ってもみなかったのである。

改めて、尊敬なのである。

母子支援

今、私が通っている英語の学校は、とある場所の一室を借りてやっている。その場所というのは、税金で全て運営されている「母子支援」の建物である。

立派な建物の中には、自由に食べてよいサンドイッチ、ケーキ、クッキー、果物、飲み物がズラリと並び、受付には不愛想な女と広々とした子供が遊べるスペースがある。いくつもの部屋に分かれ、そこでは子供と母親がいろんなことを学ぶクラスが開放されている。児童館みたいなイメージを持っていたが、そうではない。時には母親学級みたいなものが催されている。

例えば、世の中には食器や衣類を洗わない、洗う必要性がわからない母親というものが存在するわけである。大半、こういう母親の子供は衣類や身体そのものが汚れており、汚臭がするから学校や保育園などから指導が入る。それでも改善されない場合、母親はこういう施設でその必要性を無料で飲み食いしながら学ぶのである。その間、一部ボランティア、一部はきちんと国から給料をもらっているスタッフの方が子供を見てくれることになっている。

他にも、子供を産んだものの、さてどうしてよいのやらわからない母親というのも存在するわけである。10代の母親も多いのであるが、子供との接し方がわからない、遊び方がわからない、寒い時にどう暖を取るのか、新生児がいる家がどうあるべきか、どう清潔でどんなものが必要であるべきかがわからないまま母親になるケースも多々あるわけである。それを教えてあげなければならない母親が多い。

余談であるが、私を担当してくれていた助産師さんがこんなことを言っていた。

「あなたの家に来ると安心できる。だってカーペットも敷いてあるし、ちゃんと暖房もかかっている。赤ちゃんを迎え入れるための準備もあるし、キッチンに電子レンジだって電気ポットだってある」と。

「皆が皆、赤ちゃんを迎える準備をしているわけではないのが現実。子供を取り上げるだけが、助産師の仕事じゃないことだってあるの」とも言っていた。

その時、こういう支援団体があり、支援施設があることを聞いていた。

先日、学校に行った時、まさにこの「子供と時間を過ごせない母親」の講座が開かれていた。子供が泣けば怒鳴ってしまう、子供がグズれば怒鳴ってしまう、全くもって子供が怒鳴っても言うことを聞かないなどと思ってもみずに妊娠、出産してしまった母親達なのであった。

休憩時間、トイレに行こうと講座が開催されている教室の前を通ると、スタッフらしき中年女性が「泣いたら、まず抱いてあげよう」と声をかけていた。「でも泣きやまない」「反り返って抱かせない」など、母親達から質問が来る。私はそれをなんとなくポカーンと聞いてしまった。

こういう支援は必要である。それは間違いない。誰かに助けられ、それによって虐待が軽減されるのかもしれない。子供達が清潔に暮らせるために、こういった勉強会が必要なのも驚くが、しかしそれが必要な母親達が決して不真面目かというとそうとは限らない。がしかし、これを全国的に毎日、毎日行っていて、人件費などの運営費は全て税金で賄われているわけである。この運営費や増加の一途をたどるシングルマザー手当……ここにも自分の払った税金が来ているのかーなどと思うと、どこまで母親を支援するべきかと考えてしまう。

しかし私は幸運だっただけなのかもしれない。何不自由なく両親が育ててくれた。ブログで文字をネット配信できることも、幸運なのだと思う。

子供が生まれてくる準備を当たり前にし、今当たり前に子供と向き合うべく葛藤しながらも毎日を過ごしているが、それができない人には様々なバックグラウンドがあったのかもしれない。

そう思いながらも、毎回学校に行くと、手厚いはずのシングルマザー手当を不服とし、受付女性に「せめて携帯代を援助してほしいわー」「もっと大きい家に移りたいのに、聞き入れてくれへん」と訴えるシングルマザーを見かけることがあり、税金の重さをわかってへん奴は蹴ってやろうかと思うこともある。

あのサンドイッチも果物も、クッキーもケーキもいらんと思うけどな……。飲み物だけでエエんちゃうの？と思う私はケチなのか……。

小学校の制服

9月から娘が小学校に行くため、昨日の夕方、その保護者説明会が行われた。私1人では理解力に欠けるため、旦那にこの日だけは早く帰ってもらい、一緒に行った。ザーッと「うちの学校はこんなんやりまっせ」と説明され、その後は制服を注文する時間となった。

今回の入学者は20名のみ。学校指定のシャツ、カーディガン、トレーナー、フリース、ジャージ、体操服上下、本を入れるカバンなどなどが机の上に並べられ、好きなものを好きな枚数注文するのであった。

知り合いのお母さんが私に声をかけてきた。「どれ買う？ 全部買う？」と聞いたので、うちの旦那が「いや、そんないらんのちゃう？ 冬も室内は汗かくほど暖房がきいてるし、フリースは着ることないかも。外ではダウンのジャンパー着るわけやし、そないに勢ぞろいせんでもエエんちゃいます？」と言った。

そんなこんなで、小学校の現場で働いている旦那に枚数と必要品を任せることにし、支払いも済ませた。さっきのお母さんはなんと全部を7枚ずつ購入し、凄い金額を支払っていて爆笑してしまった。

「フリース7枚買って、カーディガン7枚、トレーナーも7枚を、いつ着回すつもりなんですか？ 同時に3枚重ね着するんじゃあるまいし、そんなにいらないのでは？」と先生に言われていたが、「いえ、うちはこれで」と買っていた。

まあ、いろんな親がいるもんである。

さて、この制服を注文する時のこと。

何人かの保護者から「絶対購入しないと駄目ですか？」とか「体操服は指定ですか？ その辺で売っている短パンとTシャツじゃ駄目ですか？」「この本を入れるバッグは指定でないと駄目ですか？」などと質問が結構とんでいた。

教員から「制服ですから、指定のものを着用していただくことになります。金銭的に問題がある場合は、市に連絡して下さい。一定の審査を受け、金銭的に問題があると見なされた場合のみ市から援助が出ます」と答えが返ってきた。

「いえ、そういうわけじゃ……」と言った親を見ると、車はＢＭＷ。思わず、さっきの全部購入したお母さんと見つめ合ってしまった。「お金あんのちゃうの？」と互いに思ったはずである。

結局、20人中のうちで指定の体操服やシャツを購入したのは半数だったらしい。あとはどうするのだろうか……。

私のように日本で育ったものなどは、特に驚く。制服なしで登校する生徒を見たことがなかったから、親が制服そのものを買わないというのが不思議というのか、どうするつもりなんだろうか？と思ってしまった。

更に驚いたのが、教頭先生から「注意点とお願い」という箇所でのこと。

「保護者の方々は、お子さんがいて忙しいのは十分理解できます。忙しいし大変なのも十分承知です。ですが、お願いですから８日以上、同じ服を着せてこないで下さい。先週から着たままのシャツやズボン、靴下などは、翌週にも着せてこないようにお願いします。どうか週に一度、洗濯していただけませんか？」と注意点が読み上げられた。

驚愕である。靴下を８日連続て……。同じシャツを８日連続て……。あんなもん、まし

てや子供が着ているものなど、毎日交換が当たり前であろう。それが……それが……‼

旦那は「おんねん、毎年そういう親が……」と笑っていた。

「BMWに乗ってようが、ベンツに乗ってようが、靴下8日以上、注意せーへんかったらそれ以上の親もおんねんから。せやから、こういうアホみたいな注意点を言わなアカンねん。学校関係者は」と言った。

最後に教頭は「体操服ですが、どうか1年間一度も家に持って帰って洗濯しないということのないようにお願いします」と言って終わった。

椅子から落ちそうであった。こんなレベルの保護者説明会があるのだろうかと。


これはイギリス女性がお母さんになるから、こんな事態が起こるのだろうか……。と思っていたが、よくよく考えてみると日本で保育園に勤めていた友人が「おんねん、風呂にも入ってこない、制服もドロドロで洗ってこない子が」と言っていたから、やはりどこにでもこのような親は生息するらしい。

娘のクラスメイトより、その親の分別と良識度合が非常に気になる私である。

給食はiPadで

学校に通いはじめ、娘は給食を食べて帰ってくるようになった。

朝8時45分に教室に入ると娘の担任にiPadを手渡され、「今日のメニューです。ここから、食べたいものを選んで入力して」と言われた。昭和50年生まれの日本育ちの私、その日の給食はiPadにて、食べたいものを選択するなどというハイテクにビビった。

4種のメインコースから1つを選択し、デザートはゼリーかチョコレートケーキであった。これに野菜やチップス（フライドポテト）がつくと書いてあった。

娘は「ジャケットポテト」を選択。ジャケットポテトとは、大人の手のひらほどもある大きさのじゃがいも丸ごと1個をオーブンでやわらかくし、その中にバターを塗り、いろんな具材を挟んだ食べ物である。

余談になるが、オーストラリアに住んでいた時、この「ジャケットポテト」をお店では「スパッズ」と呼んでいた。そしてアメリカでは「ベイクドポテト」であった。同じ食べ物なのに、国により呼び名が違うのだなーと、20代前半に思った記憶がある。

娘はじゃがいも丸ごと1個にチーズを挟むのを希望したが、これにチップス（フライドポテト）もつくと書いてあった。栄養士……どない考えとんねん……。芋&芋は4歳にキツイはず。一応、担任に言ったが「ついてくるけど、食べなければいいし」と言った。

私は違和感があった。

普段、食べ物は残さず食べるように家庭で娘に言ってあるため、最初から食べないとわかっているものを皿に載せ、あえて残すというのを学校給食でやってしまうのが、ちょっとどうなのかと思った。がしかし、そんな個人的な意見を言うてもメンドクサイ母親なだけで、先生方も忙しい。今日のところは「わかりました」と帰宅。

娘が帰宅し、給食内容を聞いたら「チップスがまだ給食の時間になってもできてなかったから、なかった」とのこと。

間に合ってへんかったんや……。

翌日からは毎朝、母親がｉＰａｄで給食を選択するらしい。
しかしながら、翌日のメニューは……。

①ローストチキンと野菜、グレイビーソース
②エンチラーダ
③バゲットサンド
④ジャケットポテト

この4種であった。

子供達も週3時間はｉＰａｄでの授業がある。来年からは、自分達でｉＰａｄに入力して、今日の給食を選択するらしい。昭和女の母は、ただただそれを「ハイテク」やと痛感するのみ。

誕生日パーティー

イギリスでは小学校に上がる前後から、誕生日パーティーをする傾向にある。もちろん、家庭によりけりであるが、私がここで子育てをしている限りでは「ソフトプレイ」と呼ばれる子供専用の施設で行われたり、最寄りのふれあい型牧場でやってみたり、大きな家に住む子供の場合は家だったり、公民館を借り切って手品師やエンターテイナーを呼んだり……というのが一般的かもしれない。

たいてい子供は専用遊具で遊び、保護者はそれを見ながらママ友達とコーヒーを飲む、みたいな感じだろうか。

出される食事はサンドイッチ、ポテトチップスなどのスナック菓子、果物やヨーグルトなどである。

「ハッピーバースデー」を皆で歌いながら主役の子供はロウソクの火を消し、切られたケーキは帰る際に小分けにされ手渡される。ケーキは手作り率、ほぼゼロ。今まで手作りのケーキを出した母親は、私と元同僚、ケーキ作りの上手なママさんのパーティーのみ。あとはスーパーの出来合いのケーキを出すのが主流である。

うちの娘も「ソフトプレイ」を借り切ってのパーティーであった。

およそ30人の子供と保護者が参加してくれたが、お店が全て段取りしてくれるため、私は前夜にケーキを作って持っていくだけだった。

先輩ママさんから、「自宅でやったらエライ目にあうで」と忠告されていたので、これでよかったと思う。何故なら、子供30人とその兄弟達、その他、保護者30人が家に来ると、トイレがありえない汚さになるのだと、経験ママが言っていたからである。2階に勝手に上がって部屋をメチャメチャにする子供、庭の花を引っこ抜く子供、倉庫の中に入ってものを壊す子供などなど、後腐れになるため、どこかを貸し切りで開催する方が正解だと私も経験して実感するのであった。

招待状は手紙で来る場合が多く、開催する側は「安いパーティーやな」と思われぬよう会場を考え、押さえる。帰り際に手渡す「グディバッグ」と呼ばれるお返し袋であるが、この中身もお菓子や小さな玩具、本など工夫を凝らした内容でなければならないため、親は

HAPPY BIRTHDAY
Happy birthday!
Happy birthday!
Happy Birthday
Happy birthday!

大変である。

　また招かれる側は、あまりに安物をプレゼントすると、「自分の子供の時に安物で返されるで」と先輩ママから聞いていたので、私や周囲の保護者達は2千円程度のプレゼントを買って持っていくことが多い。


　印象的だったのは、娘のクラスメイトの女の子の誕生会であった。

　幼稚園の時に初めて招かれた際、自宅で100人近いパーティーが開催され、プロアマ女優や歌手なども来ていて、それはそれは盛大な盛り上がりを見せた。自宅の家具や食器は全て高価なもので、聞いてもいないが値段も聞かされ、外車の数まで教えられた。

　ところが翌年、この女の子の誕生会が物凄い貧相な遊具カフェにて開催された。保護者達が「なんで今回ここになったか教えたろか?」と言ってきた。理由は「弁護士の旦那と離婚し、豪遊する生活から一転、残ったのはBMWだけになったから」らしかった。

　こういう噂は一気に広まり、こんな場所で更に広められるから、誕生会参加も考えものである。

Chapter

5

FAMILY DIARY

5章

家族の日記

旦那との時間

イギリスに来た当初は、旦那といつも2人でいた。2人でとにかく話すしかなく、2人で遊ぶしかなく、2人で過ごすしかないからである。私にとって、旦那と過ごす時間が気心知れた人との唯一の時間になるから、飽きたとかそういう問題も選択肢もない。

女は女友達と喋るのが一番楽しい。ましてや職場の愚痴と悪口は、職場の同僚と話すに限る。しかしコレができない状況かつ言葉の壁があるから、これだけ旦那との時間を過ごせたのかもしれないなと思う。

日本にいた頃、共に暮らしていても週に2回ほどしか夕食を共にしなかった。それだけ友達との時間が明日への活力になっていたからである。

イギリスに来て、最初にできた友達はポーランド人で、バリバリのキリスト教信者であった。そのため、処刑が絡む映画やTV、物語は一切見ない。肉を食べない。そして貞操観念が非常に厳しいから、男女間の話はできない。こうなってくると、話す内容が限られてくるのと、考えながら話す必要があるから、堅苦しい気持ちで彼女と過ごすことになる。

海外で生活をすると、意外に文化の違いは大きな問題ではなくて、宗教観念や国の貧しさ、発展の途上が大きく関わってくる。第二次世界大戦の時にどこの国に支配されていたから、どの国が嫌いなどと、全く私には関わっていない事柄が大きな問題になっていたりもするから、逆にいえば旦那と過ごすのが一番マシである。

今では、ごはんを食べにいったり、飲みにいったりする友達はいる。でも、言葉の壁がある以上、日本にいる友達のように１００％で話すことはできないのが本音だ。

旦那でさえ、いまだに言葉の行き違いは日常茶飯事。でも、だからこそいいのかもしれない。

喧嘩になったとして、旦那が発した単語の意味を「それどういう意味？」と聞き返すと、まず意味を説明し、例題を挙げ、「ああ、そういう意味か」と止まりながら話を進めなくてはいけない。そんな時は、英語ベラベラじゃなくてよかったかなとも思う。

そんな感じで頑張るしかないのである。

日本人妻であること

国際結婚をして海外で暮らす妻達は、今や珍しくない。

その中でも、大きく2つのグループに分けることができると思う。1つは、海外が好きで住みたかった人。住みたくて住んでいる人。もう1つは、いろんな理由から旦那の国を選んで住んでいる「仕方ない組」。

この「仕方ない組」には、ホームシックとは別の葛藤がある。特に、日本でバリバリ仕事をこなし、ある程度の役職と給与を得ていた人が海外に来たとして、当然ながら同じ環境と状況で仕事をさせてはもらえない。かつてのキャリアも役職も能力も全てなかったものとして、一から築き上げていくしかない。

日本では、結婚してからも1人の仕事人として存在していた自分があったのに、ここでは「日本人妻」としてのみ存在することの悲しさ、虚しさとの戦いの日々。気持ちがどれだけ強い人でも、初めの1年はジレンマとの戦いで叩きのめされる。自分の置かれた状況を受け入れ、納得するまでに何度も泣き苦しむ。まるで自分が刑務所にいるかのように、身動きの取れない状況との戦い。

けれど、それを側で見ている旦那も「本当に連れてきてよかったのか。こんなに苦しむとは思わなかった」と葛藤する。自分が泣けば旦那も辛い。けれど苦しみを打ち明けられるのも旦那しかいない。悪いなと思いながら、泣き続ける日々。

周囲の人の何気ない「早く友達を作ればいいのに」という言葉。どうやって？　道行く人に「友達になって下さい」と声をかけたら友達になれるとでも？

そんな些細な言葉に敏感に反応し、悔しい気持ちでたまらなくなる。


ここで自分だけが苦しい。誰も私の気持ちなんて理解してくれないとヒステリックになれば、離婚に至る。事実、国際結婚は離婚率も高い。ただそこで、旦那だって苦しんでいるとわかれば、2人で何度も話し合い、頑張ってみようと思える。

いつかこの暮らしが最高のものになるのかな、と今は手探りでも、これも自分に課せられた生き方なのかなと、ため息混じりに頑張る日々。

きっと多くの日本人妻は、こんな葛藤の日々なのである。

義父の思いやり

旦那の両親は、50代で仕事をリタイアし、悠々自適に暮らす義父と、専業主婦でガーデニングが趣味の義母。旦那はこの2人の三男坊である。義父は食べることが大好きであり、私と食べ物の趣味が合ったため、すぐに意気投合。義母も私を『日本からの大切な預かりもの』とし、いつも気遣ってくれる人だ。

同居は私の希望だった。初めての海外生活の時、ホームステイ先の家族に随分と助けられた経験から、今回の国際結婚&海外移住も、最初の1年は同居したいと願い出た。海外では、結婚した2人が親と同居することはほとんどない。その上、私が旦那の両親に会ったのは、3年前に二度だけ。私のことを何ひとつわからない状態にもかかわらず、承諾してくれた。

海外経験が1年あっても、英語は無に等しい。まして、日本人英語に関わったことのない外国人にしてみれば、いくら私が英語を話しても、英語には聞き取れない。

週に一度、スーパーに買い出しに行くのは私と義父の仕事になった。

初めて来た頃は「マヨネーズ」も通じなかった。

「マヨネーズ」を何度も言うが、「ナニ?」と聞き返されること5回。マヨネーズ売り場に連れていって初めて、「メイヨネーズ?」と言われた。なるほど、「マヨネーズ」だと通じなくて「メイヨネーズ」なのか!とここで発見。

こうして、私の英語が上達したからというより、義理のお父さんが私の英語に慣れてくれたおかげで、少しずつわかり合えてきたのである。

また、義父は私がホームシックにならないよう、庭の一角に「ジャパニーズガーデン」を作ってくれた。石の並んだ日本風庭園で、スイッチを押すと滝から水が流れてくる仕掛けがついている。

庭を見てホームシックがなくなるモンではないが、その思いやりがありがたい。

優しい義父である。

同居

結婚した2人が、親と住むなど、ほぼないに等しいイギリス。皆から、「同居？私、絶対ムリ」と言われる。が、英語がままならない上、強烈なホームシックになっていた私にとって、同居はむしろありがたいものであった。電車の乗り方、病院への付き添いなど、同居していたことで困らないことの方が多かったからである。

同居して困ったのは、家の掃除と食事であった。

私は自分の部屋に掃除機をかけ、時々は全てを拭く。トイレは毎日掃除をしてから、出勤していた。ところが、家に帰ってくると義母に掃除をしなおされていたのである。悪気はなく、ただ掃除を自分がしなければ気持ちが治まらない人なのである。

私のトイレ掃除の仕方は、義母とは全く違う。義母は漂白剤を使わなければ綺麗にならないと信じている人で、私はトイレクリーナー&洗剤で綺麗になると思っている。

バスタオルの洗い方もそうである。私が普通の洗剤で洗い、天気がよければ外に干すのとは違い、義母はタオル専用の洗剤を使い、50度のお湯で洗ったあと、乾燥機に2時間かけて乾かすのである。

こういうことが、いろいろ他にもある。

そこで私は考えた。もう掃除はやめようと。掃除機はかけるが、その他の掃除をしてもまた義母がしなおすのなら、やってもらおうと。

その代わり、夕食は全て私が作ることにした。これなら、「やってもらってる」も「やってあげてる」もなく、仕事が平等で、同居は上手くいくのである。

同居ゆえにわかった義母のことと、強くなった信頼関係である。

義父と義母の優しさ

ハロウィーンを週末に控えたある日。

スコットランドの友人と、いつもの店でパーティーをするから、一緒に仮装しないか？と旦那に誘われた。が、祝う文化のない私にはいまいち楽しさが理解できず、全く興味がないので、「1人で行ってくれ」と頼んだ。

そのため、週末は1人である。やった〜1人か!!と喜んでいたのもつかの間、義父がタイミングよく、電話をかけてきた。

「週末、君らの顔を見にいこうかと思うんだけど、どうかな？」と言う。翌月には近くに引っ越してくるから、いつでも会えるのにである。

旦那は「僕はスコットランドに行くけど、彼女は家にいるよ」と言った。

義父と義母は「そんな、日本から大事に預かっている娘さんを、週末1人で残すなんて、お前はひどいじゃないか！よし、じゃあ、僕達が泊まりにいってあげよう。そして、美味しいものを食べさせてあげよう」と決まった。

2週間前、一緒に旅行したばかりなのに、孫じゃあるまいし、なんでそんなに顔を見たいのや……。

と思いつつ、この義父と義母の優しさには、本当に感謝するばかり。


パソコンが壊れた時も、優しい義父が「彼女は日本との交信が途絶えたら、イギリスにはいられなくなってしまうだろう。それに、もうすぐビザの更新で出費、日本帰国で出費、これじゃあかわいそうだ」と言って、パソコンを買ってくれた。

壊れて2日目、新しいパソコンが届いた。

「結構です」とも言えず、ありがたくいただいた。

「休みの日に、君の笑顔を見せにきてくれたら、パソコンなんて安いものさ」と映画のようなセリフを言った義父。

今度会ったら、抱きしめようと思う。

女の子の名前

イギリスで第一子を妊娠して2回目の健診の時のこと。

この時に性別もわかるとのことで、楽しみにしていた。足を組んでいたため、100%ではないが、結果はおそらく「女の子」ではないかということであった。

さて、本当に「女の子」なのであれば、非常に面倒なことになる。

旦那は3人男兄弟の末っ子。一番上の兄は高校教師で2人の男の子がいる。真ん中の兄は元海軍で、嫁の連れ子3人（男の子）と自分の子供1人（男の子）と共にオーストラリアに住んでいる。偶然にも、この2人の嫁はオーストラリアの同じ町の出身である。

そして、この2人の嫁は義理の両親に自分が一番気に入られたいため、何かと対抗心を燃やしてくるのだ。

義父と義母は女の子を望んでいたが、結局は息子3人になってしまった。血縁関係のある孫3人も男、次男嫁の連れ子3人も男、義父も男3人兄弟である。女の子が生まれたなら……と夢に見ていた義父と義母からすれば、この「多分……」のニュースも、夢のようなニュースなのである。

「あくまで、多分であって……」と付け加え、入院中の義父にＴＥＬを入れた。

義父は３ヶ月前に体調不良を訴え、臓器に水が溜まり、動けなくなってしまったため、入院している。

「君という女性は、なんて素晴らしい女性なんだろう！ この家に女の子を産むなど、まさに君は最高の嫁になることだろう。もちろん、他の孫も男だからといって、どうっていう意味ではないが、しかし、本当にこれが本当なら……」と感動一直線。

白血病を持つ義母は３ヶ月前に肺炎になり、水も飲めなくなってしまい、こちらも別の病院に長期入院中。義母にＴＥＬを入れたが、義母は至って冷静。

「もし本当なら嬉しいわ。でも、あなたが女の子を産むとなれば、他の嫁２人から白羽の矢が立つのは間違いない。気を付けて！ そして、どうか気にしないで！」と言われた。

義父の興奮は治まらず、もともと私の妊娠を最も喜んでいない、長男の嫁と次男の嫁に即行でＴＥＬをしていた。

長男の嫁は、「あのラッキービッチ」と言ったそう。

次男の嫁は、「コメントしたくないわ」とのこと。


夕方、義父から再度ＴＥＬが入り、「名前……なんだけど、僕、娘が生まれたらこの名前にしようって、35年前から決めてたのがあるんだよ。それを、君達に使ってもらおうかと思って」と言うてきた。

取り入れる気などないが、入院中の義父には優しくせねばならない。

一応、聞いておいた。

名前は「プリンセス・エンジェル」であった。

手品師か!!

ブラジャーはどこに？

パソコンでメールをチェックしていたら、義父からスカイプが鳴った。出てみると、義父が画面の前に座っていた。

「ハロー!!」と元気よく声をかけてみた私。

義父は「あのー……ちょっと聞くけど、安くて質のよいブラジャーは、どこに売っているのかな？」と聞いてきた。

え……なんて？　ブラジャーと言うたか？　義父さん……。

思いもよらぬ、義父の発言に、ちょっと間があいてしまい、微妙な空気になること数秒。

次男の嫁やな……。

次男の嫁はとても注文の多い女だ。先日、義父と義母の家に次男家族で泊まりにきた時も、「子供がみんなと食卓を囲めるよう、赤ちゃん用の椅子を買っておいてくれ」だの、「寝心地のよい、赤ちゃん用ベッドを用意しておいてくれ」など、言いたい放題。

そんな中、更にビビる注文が入った。洗濯機である。「自分の家では縦型（日本で主流のやつ）を使っているから、これでないと洗えない」と言い出した。たった1ヶ月半しか滞在しないくせに、わざわざ自分達のためだけに縦型洗濯機を探し、購入しろと言うのだ。

私は「嫁がブラジャー買いたいってか？」と聞いた。

義父は、「ダイエットして13キロ痩せたから、今までのブラジャーが合わなくなったらしい。で、新しいのがほしいというから、昨日スーパーに連れていったんだけど、そこのブラジャーが気に入らないというから、ちょっと君に聞いてみようと思ってね」と言った。

私は「安いって、どの程度よ？」と聞いてみた。

義父は失笑しながら「僕も、ブラジャーはわからないからねー。どの程度って聞かれたら困るよね」と言った。

嫁よ……義父に何聞いとんねん!! 聞く相手がオカシイやろ……。だいたい、イギリスに旅行に来る前に13キロ痩せたのなら、オーストラリアで買ってこいよ!!

私は義父に言いにくかったが、「私が使ってるのは、生地も強く、裁断もデザインも胸にピッタリと合う。40ポンドするけど、私はそれを買ってます。あの質で、40ポンドは高くないと思う。うちのデパートに売ってるから、もしほしいのなら、社員割引で20％引けるけど」と言ってみた。

義父は「もっと安くないと、駄目だと思う……」と言う。

「せやけど、安いブラジャーって機能性ゼロやけど、それでもエエの？」

「安くて、そこそこ質もよく、カラフルっていうのかな……色とりどりっていうのか……バラエティーに富んだ色というか……そういうのがほしいと言っている。しかし、あくまでも安いものを」

私は「オーストラリアってさあ、イギリスと同じくらい、下着屋あったで！　安いの買うなら、ターゲット（という名の店）行けばエエやん。なんでイギリスで買うのよ？　こっちの方が物価も高いのに……」と聞いてみた。

義父は「嫁が言うには、イギリス人の嫁になったのだから、イギリスの下着をつけたいらしい……」と言う。

アホやな嫁……安い下着など、全部メイドイン・チャイナじゃー!!

ハゲそうなバーベキュー

日曜日、泊まりにきた次男の嫁をもてなすためのウエルカムバーベキューが行われた。といっても、集まったのは長男夫婦&子供、次男の嫁&子供、そして私らである。

昼の1時から始まる予定ということなので、前日に義母に「明日、何か作っていくものとかありますか?」と私は確認しておいた。しかし義母は、「私と長男の嫁がサラダや前菜は全てやるから、あなた達はただ来てくれたらいいから」と言っていたので、ちょうど1時に着くように行った。

しかーし!! 行ったら、何もできてない。

ポテトチップスの袋が4つ、テーブルに載っていただけ……。

私は義母に「これ、お皿に出すだけ?」とせかすように聞いた。義母は「ああ、それは冷蔵庫にあるディップソースと一緒に並べて……サラダは今から切る」と慌てて言った。

外国人のパーティーとは、100%時間通りには始まらないし、用意されていることも期待できない。それはオーストラリア生活から知ってはいたが、私の性格上、許されへんねんー‼「来てくれたらエエ」と言ったのに、「1時に始まる」と言ったのに……みんなでTV見とるやないかー‼ 嫌いやねん……こういうまあ、エエかー感覚……。

レタス、トマト、キュウリ……などを洗って切って、ボールに入れて、とやっていたら、義母が遠慮がちに横に来て、「ごめんやけど、クスクスサラダもやってくれへん？」と言うてきた。クスクスは、まず熱湯で戻さなければならない。私はポットに湯を沸かし、湯が沸くまでの間に中に入れる具を刻んでいたら、長男嫁が来て5人分のコーヒーを入れて、キッチンから出ていった……。

しばくぞー‼ ボケー‼

一言、聞かれへんか？ オマエのために、湯が自動的に沸いてたと思ったか？ キッチンに来てちょうど湯が沸いていたということは、誰かが何かのために沸かしているのだと思って、今横にいる人に「これ、使っていいですか？」と聞かれへんか？

ハゲそうやー‼ 誰か助けてー‼

エエ嫁

義父は「焼きうどん」が好きである。私が、うどんを手作りしている話をし、しかし「作った翌日は肩甲骨の奥が感じたこともない疲労感と重みで、2日は肩が上がらない」という話をしたら、パスタマシーンを買ってくれた。

「これなら機械が薄く延ばして、細く切ってくれるから、君の肩を痛めずに済むのでは？」と言って。

なんてエエ義父や～！

私は義父母と1年同居していたから、2人とも日本食は結構好きになってくれて、「お好み焼」「たこ焼き」「どて焼き」「豚の角煮」などはリクエストされて作ることが多い。

私はパスタマシーンのお礼に、ケーキと豚の角煮を持っていった。義父は「いいんだよ、君がいつもよい妻であり、母として頑張ってくれているお礼だから」と言った。

私がもし日本人と結婚していたら、こんなことを言われるはずはないと思う。日本人の大半の妻は、料理を作り、子供の離乳食を作るからである。

しかし、幸運にも旦那の兄弟2人の嫁が、掃除しません、料理しません、働きません、買い物はしません、しかしアナタの金で服は買います、子供は産みますが面倒は見ません……が正論だと信じている女だったため、ひときわ私がエエ嫁に見えるのである。


先日も、次男の嫁が、普通に義母に言うたそう。

「結婚しているのだから、旦那は私のために働き、金を持ち帰り、休みは私と子供のために使うのが当たり前。結婚したら、趣味なんて持つなど、ありえないわ。友達と飲みにいくのもありえない」

しかし、義母は「でも、そういうアナタは毎日ジムに行ってるじゃない？ それは趣味なんじゃないの？」と嫌味を含んで聞いてみた。

しかし嫁は「これは、彼のためよ。私が太っているよりも、痩せている方が、彼も自慢の嫁として連れて歩けるでしょ？ だから、彼のためにやってあげてることなのよ。嫌だけど」と言った。

いやいや、違うやろー！ お前が勝手に130キロになったんやがなー!!

クリスマス崩壊

年に一度のクリスマスに、全力を懸けているイギリス人達。それほど大事なイベントであり、また楽しみなイベントでもあるのである。

「今年はどこの牧場から、オーガニックの牛肉と七面鳥を取り寄せた」「今年は、どういう前菜を出し、どんな食器でもてなそうか……」などなど10月頃から始まり、12月25日にそのストレスはピークに達するわけである。そして最も気合を入れなければいけないのが、家族へのプレゼントである。

デパートに来る買い物客でさえ、楽しい買い物とは打って変わって、イライラを募らせながら買い物に来る。1日中、買い物で歩き疲れ、それでも買いたいものが見つからず、「娘婿に何を買うべきか」「これを嫁が気に入ってくれるだろうか」と買っては返品し、また買っては返品し、悩みながらプレゼントを買う人達も多いのである。

そうして迎えたクリスマス当日。さあ、いよいよプレゼント交換の朝。ワクワクしながら箱や包み紙を開けるのであるが、その瞬間に始まるバトルがある……。

そう、「クリスマス崩壊」である。

自分が送ったプレゼントに対し、明らかに相手から自分に送られたプレゼントが安物だったり、センスのカケラもなかったり、使えないものを送ってきたり……と、自分が数ヶ月をかけて探したストレスが一気に崩れ落ち、落胆から怒りに変わる瞬間、友人関係や家族関係が崩れてしまうのである。

うちの職場では、既に2人が絶交状態にある。休みも一緒に取り、旅行も一緒に行っていた、あんなに仲のよかった2人が、クリスマス明けて以来、完全に無視状態である。

聞けば、1人が「クランス（フランスの有名ブランド）の化粧品」を送ったのに対し、相手は髪の毛を束ねる時に使う「ゴム50本入り、色とりどりセット」を送った。決して嫌がらせで送ったわけではない。本気で考え、「あの子、髪の毛長いから、ゴムがたくさんあった方がエエやろな。ついでに、色も種類があった方がエエやろな」と思ったからこそ、「ゴム50本入り、色とりどりセット」だったのである。しかし受け取った方は、金額の差と手抜き感を感じてしまい、笑えなかったのである。

本来、プレゼントとは気持ちで送るものであるから、気持ちだけを受け取るべきなのである。しかし、そこが難しいところだ。

普段から、旦那の両親には惜しみなく愛情を注いでもらっているし、いろんなものを買ってもらっているので、こういう時はドカンとケチらず買うことにしている。が、旦那の兄と嫁には、なんの世話にもなっていないし、行き来も会話もない。それでも「クリスマス」という日に向け、買い物をし、ラッピングをしなければいけないのである。

私はここに来てから、何度も思うことがあった。それは、プレゼントが後腐れとなることである。

例えば、ある年。私は長男嫁にまあまあの値段のピアスを買った。その時、長男嫁が私に買ったのは500円均一のマフラーであった。楽しいはずのクリスマスであるが、「なんじゃ、あの女。安いものを送ってきやがって……」となるのである。

旦那もそうであった。DVDやらCDやら、いろんなものを買ったが、長男からは本1冊、しかも自分が読んだあとの本であった。旦那は「あのケチ……」と言っていた。

義母などは、長男嫁から石鹸1個である。そうして「あの女……」と怒るのが毎年のことだ。

こういう思いを毎年し、それでも「家族〜」と言い合って、内心いろんなことを思いながら、何が「ハッピークリスマス」やねん!!と思うのは、私だけか?

今年もまた例の如く、オーストラリア人の嫁同士がクリスマスプレゼントでモメた。長男夫婦が、次男夫婦の子供4人に送ったプレゼントが「気に食わん」と言うのである。

次男夫婦の子供3人（嫁の連れ子である）には、黒のTシャツをそれぞれ1枚、4番目の2歳になる子にはDVD。しかし、次男の嫁は「うちの息子は黒を着ない。DVDも同じのを持っている。送る前に一言聞いてくれればいいのに、失礼極まりない」と義母に抗議。

しかし、プレゼントをサプライズ気分で送っている長男夫婦は「次男夫婦の子供が、黒を着ないなど初耳。同じDVDを持っているのなら、売るなり誰かにあげるなりすればいいだけのこと。文句言われる筋合いはない」と反論。

私にしてみたら、長男夫婦に非はないと今回は思う。文句を言う前に、先に、アリガトウちゃうんかい!!と、思うのである。

そんなことを「毎年、毎年、ウンザリするわ……」と疲れ切った様子で話す義母に私ができるのは、聞くことだけなのである。

しかしながら、そんな次男夫婦は、うちの1歳になる娘に、人喰いザメの写真が、ただひたすらに載っているカレンダーを送ってきた。

1歳が「えーと、来月の予定は……」とカレンダーを使うというのか？

人喰いザメである必要はあるであろうか？

しかし、私と旦那は何も言わない。次男夫婦は、1歳の子供が本気でコレを喜ぶと思ったかもしれないし、ただ安上がりで選んだだけかもしれない。どちらにしろ、言っても無駄だからである。

クリスマスプレゼントは、気持ちで受け取るものだという基本に沿って、神聖な気持ちで受け取るしかないのである。

義父母は「人喰いザメカレンダー」に絶句していたが、私はもう腹も立たない。ただただ、失笑するばかりである。

趣味の範囲を超えている

先日、義母が心筋梗塞を起こし、カテーテル手術をした。それ以来、土日に義父母用の1週間分の食料の買い出しに行くのが、私達夫婦の役目となった。

義母は食欲がなく、「食べたくなるかどうかわからんから、冷凍モノでオーブンでできるやつを買ってきて」ということで、適当にシチューやなんやかんやを買うようにしている。うちで水餃子やパスタなどを作った時は、当日に電話を入れ、義父がタッパーを持って登場することもある。

これ以外にすべきことが多々ある。義父母のベッドのシーツを交換し、洗ってアイロンをかけること。前かがみになれない義母のため、義父母の寝室にある風呂の浴槽、シャワールーム、トイレ、洗面台の掃除。全5室ある寝室に掃除機をかけ、埃を払い、義父の書斎の清掃、ゴミ出し。料理しないくせに、やたらに広いキッチンとリビング、コンサーバトリー（ガラス張りになった明かり取りの部屋）に掃除機をかけ、艶出しモップをかける。

最近まで庭の芝刈りも旦那がやっていたのであるが、玄関前、横、庭、裏庭とやっていくと、3時間もかかってしまう。今はもう専門の人に来てもらい、芝を刈ってもらうようにした。

私と旦那はこれをしながら、いつも思うのである……。

なんで年寄り2人暮らすのに……こんな家買うたんやー!!

せやから反対したのである。「5室も何すんねん!!」と言うたのである。

2年前に2人が病気で死にかけた時、私は妊娠4〜7ヶ月で、義父母の家を掃除するたびに腹が張り、ゼーゼーヒューヒュー言いながら掃除をやった。使えん義姉は「だって私、ボクササイズで腰痛やねん」と手伝わず……。

その時、うちの旦那から義父母に「もう今度家を買いかえる時は、あんな部屋数の多い家は買わんといてくれ!!」とお願いした。その時2人は「もうアンタらに迷惑かけられへんから、2ベッドルームの小さな家を買うわ」と約束したのである。にもかかわらず、その後、アホみたいに広い家を買い、全室に風呂&シャワー&トイレを完備したから、こういう時、私ら夫婦はめちゃめちゃ大変なのである。

しかし私と旦那は「ここにいる僕らができるうちにやろう」と決めたから、やるしかないのである。これも日頃、お世話になっているし、可愛がってもらっているからゆえにできることであるが……。


そして更なる私の役目……。

そう、それは義母の趣味である家庭菜園の収穫である。

義父がラズベリーを好きというだけで、なんと義母は今年60本ものラズベリーを植えた。ラズベリーを育てている方はわかると思うが、一度実がなりだすとそれはそれは豊作で、2日に一度収穫しなければいけないほど、実が次から次になるのである。私はザルを持って外に行き、60本分のラズベリーをただひたすらに摘むのであるが、暴風にさらされる我が身を守りながら思うのである。

義母よ……どんだけ植えとんねんー!! 家の前で無人販売をやっているでもなく、ジャムを作るでもなく、近所に配るでもないのに、趣味の範囲超えとんねん!!

そしてビニールハウスに移動。我が家の3つあるベッドルームを合わせても尚広いこのビニールハウスに、食べもしないピーマンを12本植えている義母。

目的を教えてーな!! なんでや……なんで食べへんピーマンを、誰のために植えてはんの? 趣味でっか? これも趣味なんでっかー!!

数週間までは、これにキュウリと茄子が加わっていたが、今はもう枯れてしまったから、ちょっとありがたい。

しかしビニールハウスの奥には、更なる怪物……そうトマトである。もう数えたくもないほど、トマトが青々と実をつけ、「来週あたり、赤なりまっせ!」と言いながら、こっちを見ているのである。

もう売ってくれー!! 家の前で売ってくれー!!

ご丁寧にビニールハウスには暖房が完備され、野菜たちはカーライルの冷夏でも確実に育つのである。もうホンマ勘弁してくれなのであるが、しゃーない。これも親孝行やから……。

そう言い聞かせつつ、また土曜に収穫に行く予定である。

逝く

水曜の午後、義父が他界した。

昨年末のクリスマス前、電動車椅子に乗った義父が無理に段差を上がろうとして横転。その時、指に擦り傷程度の怪我をした。すぐに消毒液と絆創膏で処置したが、重度の糖尿病を持つ義父の傷はなかなか治らず、化膿。医師に診てもらい、抗生物質で数ヶ月様子を見たが、悪化するばかりであったため、化膿している部分までを切断した。しかし改善の兆しが見られず、痛みと炎症が悪化。熱も39度を超えていたので、再度の切断手術をするために3週間ほど前から入院していた。

しかし、義父の身体に効果のある抗生物質も痛み止めも見つからずに3週間が経過。眠れない日々が続き、体力が低下、血圧も下がったままで1日おきの透析も上手くいかない状態であった。それでも午後からは更なる切断手術のため、病室で控えていた義父であるが、突然の心筋梗塞を起こし、帰らぬ人となった。

私は妊婦であるため、この病棟の見舞いを禁止されていて数週間会っていない。しかし、

1日おきにケーキやマフィンを焼き、義母に持っていってもらっていた。それが唯一のつながりだったからである。

亡くなるその日まで「病院のパンがマズイから、美味しいパンとジャム、バターを持ってきておくれ」と言っていた義父。食べることにこだわっていた義父らしい最期であった。

医師からは数分の苦しみで逝ったであろうと説明を受けた。

眠った顔も安らかであった。

7年前、私達は渡英した。

旦那から「親孝行しないまま自分が後悔するのは嫌だから、どうかついてきてほしい」と言われた。それから2年、私は決断できなかった。当時、私は役職も野望もあったし、部下の成長を見ることが生きがいになっていたからだ。それでも熱意に負け、ここに来た。

義父を痩せさせるべく悪戦苦闘したものの、なんの成果もあげられないままだった。

旦那に後悔は残っていない。

1つ残っているとするならば、あと4週間で生まれてくる子供の顔を見てほしかったということだけである。

後悔しない送り方

義父の葬儀も無事に終え、今日から旦那は義母の要望により、残った書類関係を処理していくことになる。

葬儀の2日前に義兄同士の大喧嘩が勃発したり、葬儀の始まる1時間前まで次男嫁がナイキのスニーカーを買いにいっていて帰ってこないなど、怒り狂うことばかりであったが、なんの後悔も残らず看取れた私達夫婦は、感謝の言葉を述べて義父を送った。

今回、義父の生前の要望で埋葬したのであるが、遺骨を拾わないという形式は私にとって初めてであったので、なんとも最期はあっけない感じがした。

全く涙を見せなかった旦那を見ながら、人はどういう葬儀を出したかではなく、それまでにどう関わり、どう接したかが、後悔せずに送り出すために最も大切なのだということを、私は学ばせてもらえた。

しかしながら、葬儀に向かう家族だけが乗るリムジンの中で、長男嫁は泣き叫び、次男嫁は今回使ったエミレーツの機内でピザが出たとか、コーンフレークが出たとか、急だったので航空券代がいつもより20万上乗せでかかったなどと話す始末で、この温度差が私をボンヤリさせるのであった。

外はマイナス1度、足首までのコートにブーツ、手袋に帽子をかぶっている人々の中、次男嫁だけはノースリーブのスパンコールなパーティー用ドレスに素足、サンダルという格好で、参列してくれた人々の注目を浴びた。

きっと義父もいつもの顔で爆笑していることであろう。

どんな義母でも受け入れる

クリスマスのこと。義母が「棚に置いてあったお金がない」と電話をかけてきた。義母宅には数日前から、長男と子供2人が泊まりこんでいる。何日も義母宅を訪れていない私達に、何故それを電話で聞くのか……と思ったが、当然答えられるはずもない。

アルツハイマーの傾向……ふとよぎる。

旦那が「そのうち出てくるよ」と落ち着かせ、ひとまず電話を切った。結局、その4時間後、自分で見つけたと再び連絡が入った。

義父が亡くなってから、攻撃性を増した義母。

私がアルツハイマー型認知症を旦那にほのめかしたのは、義父が亡くなってすぐのこと。しかし、夫を亡くしたばかりの義母、気がどうかなっていて当然である。そのまま様子を見ることにした。

もともと物凄い天然であるし、ずっと専業主婦でやってきた人であるから、世間ズレしている部分は多かった。旦那曰く「子供の時も、物忘れの激しい人やったで」と言うから、今に始まったことではないと家族は言う。そう言われてしまえば、一過性のものとも考えられるし、もともとそうだったのが、歳を取って目立ってきただけなのか……とも考えられる。

嫁に来た頃、義母のあまりのスローライフに驚いたものだった。

私の母が美容院を経営するバリバリの現役美容師でもあり、私が子供の頃はコンテストにもバンバン参加し、優勝もしていたという、まさに仕事人女性の母親であったから、その違いに驚いたのだった。社会を知らないまま生きてきた義母は、私と世界観も違うし、しかしそれが新鮮でもあった。

義父が亡くなって以来、事あるごとに旦那の職場に電話を入れている義母。その内容も「帰りにゴミ出しにきて」とか、「牛乳買ってきて」とか、そういった緊急ではない内容である。「私がしますから。私に頼んで下さい」と言うも、それはない。

しかし、義母は自分が食べたいもの、例えば焼きたてのクロワッサンとかデニッシュパンなどを食べたい時は自分で運転して買いにいく。おそらく息子に会いたい時に、こういう用事を頼むのだろうと考えられる。

と、これを医師に相談したのは数週間前のこと。

しかし医師は「昔からそうなら制止する人がいなくなり、自由さが前面に出てきただけなのかも。本人の希望なしでは検査できないし」とのことだった。

また、「検査しよう」と説得し、それが逆効果になり「私、ボケた？」とパニックになる場合もあるから、かなりの注意が必要とも言われた。

「どのみち既に発症しているのなら、かなり低い確率ながらも薬で遅らせることができる可能性はあるけれども、元に戻す薬はないですからね。いよいよ家族がオカシイと判断できるようになってからでも遅くはない」とのことで相談は終了。

人は歳を取るもの。いつかは生まれたばかりの赤子のように戻る。どんな義母になっても、それを受け入れなければいけない。

そのために、イギリスに来たのだから。

義父からの最後のプレゼント

去年、義父が亡くなった時、心に決めたことがある。それは「後悔しないよう、できる限りのことをする」ということである。

私は義父にサヨナラも感謝の言葉も言えなかった。出産予定日4週間前だった私は、義父が感染症で入院していた病室に行くことを禁止されていたからである。

入院する前日、翌日が誕生日だった義父のためにケーキを焼いて持っていった。また、7年来ここで毎日のように使用している圧力鍋の調子が悪いため、エンジニアでドライヤーやハンドミキサーなど、過去にいろんなものを簡単に修理できた義父に見てもらうため、鍋も持っていった。

義父は「今日中に直してみるよ。毎日使うから、ないと不便だもんね」と言った。それが最後になるのであるが、なんと義父は私のために新しい圧力鍋をネットでオーダーしてくれていたのだ。

私の手元に届いたのは、義父が亡くなった翌日のことである。そこには「毎日、我が息子と孫のため、美味しい手料理を作ってくれてありがとう」と書かれたメッセージカードもついていた。

私はそれを数ヶ月使えずにいた。また壊れたら、義父からの最後のプレゼントを失ってしまうからである。

しかし、「毎日美味しい手料理を……」という言葉を思い出し、今は私のキッチンで毎日のように活躍してくれている。

義父が亡くなってから、義母は

「夜が怖い」と言い出した。同居を申し出たが、義母は「それはしたくない」と言ったため、毎夜の電話と週2回の私とのお出掛け、週末の泊まり込みを始めた。それで、なんとか気を紛らわせてくれているようである。

しかし、正直なところ私も人間であるから、行きたくないと思う日もある。子供が風邪気味の日など、外に出たくないと思う日もある。

また、最近では義母は義父のいなくなった寂しさから感情を露にすることもあり、「あなたには夫がいてさぞ幸せでしょう。私には未来も希望の光もない。毎日が真っ暗で生きている意味もない。あなたのホームシックなんかと比べ物にならないわ」と言われることだってある。ムカー!!となるところを抑え、寂しさゆえ……と自分の心に言い聞かせるから、食べまくってどんどん太る私（というのは言い訳やわな……）。

週末、泊まり込んでいても、夜の8時になると「もう寝たら？ いつ寝るの？ 寝室で本でも読んだら？」と寝室に追いやられる。そうして息子との2人の時間を作りたい義母のため、私は夜の8時に寝室へ行くのである。そういう時、「なんのために……」と思うこともある。しかし、それは私のためであると思うようにしているのである。

義父がそうだったように、別れは突然にやってくるかもしれない。もしも明日、義母と別れることがあったとしても、自分がやりきったと思えば後悔はない。

少なくとも、義兄や嫁達のように、1年間一度もスカイプをせず、孫を見せないままだったとか、「タイに行く金を出せ」などと言い、あとになって「ああ、あの時もっと優しくしていれば」などと生涯思いたくないからである。

まあもっとも、タイに行く金を出せと願い出てくる40歳過ぎの息子や嫁が、後悔するか否かも疑問ではあるが……。

今日も頼まれた食料を買って届けたが、「こんなのいらないわ！ 持って帰って！」とつき返された。朝の8時半……まあまあ早起きして行ったんやけどな……。しかし、これもいつかはよい思い出となるであろう!!

ということで、ストレスを理由に食べまくっている午後である。女とは不思議なモンで、砂糖を摂取すると嫌なことを忘れるのである。

砂糖サマサマである。

土と共に

さて今年、義母からいただいたクリスマスプレゼントはなんとビニールハウスであった。私が今年、義母の家のビニールハウスを99％、シソで埋め尽くしてしまったから、トマトやズッキーニが育てられなかった義母。スンマセン……。

義母から「土いじりをしていると、心が落ち着くでしょう?」と言われたことがある。時を同じくして、シソのことをブログに何度か書いていたのであるが、コメントを下さった方の中にも「土いじりは心が落ち着きますからね」とあった。

その時は「へ〜」くらいに受け取っていたのであるが、自分がシソを熱心に手入れしていると、いつの間にか2時間ほど経過。80年代ポップスを口ずさんだりしている自分に、「なんかこれ……心が無になるやんか!!」と気が付いた。

普段の生活の中で「無」になることがほとんどなかった私にとって、この土いじりは意外に楽しいストレス発散となった。

義母は20歳で結婚、家系の格差から姑にいじめられ続けてきた。20代で子供を亡くし、30代で父親を、40代で母親と親友を亡くした義母。その後、自分が白血病であることを知らされる。

泣いても泣いても止まらない涙を誰かに向けることはなく、「そんな時は夜中でもパジャマのままビニールハウスで野菜の手入れをしていると、気が付けば涙が止まったの」と語ってくれた義母。「あなたのホームシックが少しでも癒されれば……と思ってね。来年もシソ作り頑張ってね」と言い、ビニールハウスを贈ってくれた。

この人も苦労の人。時にキー!!となることはあるけれど、義母の支えになれれば、それが義父や義母から受けた愛情の恩返しになるだろうと信じるしかない。

しかし義母……安物を買う人ではないゆえに、「ちょっと値段の高いの買ったの」と言ったが、そのデカさたるやうちの庭のかなりの面積を占めることには気が付いていない。

さて、どうするか……。

最後の晩餐

月曜から義母が次男家族に会いにオーストラリアに行くため、旅行前の「最後の晩餐」に行かねばならなかった。

日曜の午後に仕事を終え、私は義母に頼まれた買い物（ヘアスプレーや痛み止めなど）を済ませ、義母宅へ。「オーストラリアにヘアスプレーも痛み止めも売ってへんで!!」と生活していた私が言うてもアカン。「なかったらアカンから……」と全ての日用品をここから持っていく義母。

旦那は義母の犬を、義母宅から1時間離れた場所にあるペットホテルに連れていった。いつもなら明日の朝、私が車で往復3時間かけて空港まで送ることになるが、今回はビジネスクラスなので専用ハイヤーが送り迎えしてくれるのである。そこ、助かるわ……。

4週間家を空けるので、冷蔵庫の中をチェックした。出てくるわ、出てくるわ……賞味期限の切れた肉類。チーズは700グラムのが4つ。ブルーチーズは2・5キロあった。

思わず目を閉じ考える。先日、友人が産んだ子供の体重が2・5キロやったな……これくらいの重さやったんか……。何を思ってこんなデカイサイズを買うのだろうか。

何度教えても、目覚まし時計のセットの仕方を覚えない義母。亡き義父がやってあげていたらしいが、義父が亡くなってからは朝起きる必要性もなく、義母は起きたい時に起きればよいので、この2年近く目覚まし時計の針も止まったままである。

明日は毎朝5時に起きる私が、義母を6時に電話で起こすことになっているが、すぐに起きてくれるのだろうか。


その後はひとまず1週間に一度だけ、義母の家を見回るように言われているので、週1のパトロールで済む。ここのところ義母に振り回されていた私にとっては4週間、しばしの休憩であるが、義母は「もし次男嫁の態度が私を歓迎していないようなら、すぐに戻ってくる」と言っていた。

どうか戻ってこないでおくれ……4週間、なんとかオーストラリアに留まっておくれ……と願う私。

嫁よ、頼むでー!!

心穏やかな時間

義母がオーストラリアに行って1週間ほど経過した頃のこと。旦那にも子供にも常に笑顔で優しく接していることに気が付いた。自分でも何故こんなに心穏やかに過ごせるのかわからなかった。

義父が亡くなって約2年。月曜から金曜の夕方になると義母からかかってくる「息子が帰ってきたら私に電話させて。だいたい何時くらい?」の電話。

教頭になってから学校も遠くなり、帰宅は7時半〜8時の間。それを伝えると義母は「教頭だからって働きすぎでしょう? あなたには小さな子供もいるんだから、あなたから学校にクレームをつけなきゃ。夫を早く帰らせろって言いなさいよ。理解して下さるわ」とトンチンカンなことを真剣に言う義母。

社会人経験のない人間とは、こんな的のはずれたことを言うのだろうかと驚く。まず、この電話のやりとりがないことでストレスが減ったのかもしれないと気が付いた。

義母の病院の送り迎えを面倒だと思ったことはないが、毎週水曜と土日を義母宅で1日義母のしたいことに合わせる生活がなくなったことで、「あれ？　私、ちょっと楽しいかも！」と実感した気がするのである。


息子が生まれて一度たりとも家族だけで週末を過ごしたことはなかった。

常に義母に呼ばれる旦那。旦那も疲れている中、私に了解を得て義母に夜の10時過ぎに会いに行かねばならないのである。そして、朝5時半に起きて6時過ぎには出掛けなければならないのだ。最もしんどいのは旦那であると気の毒に思う。

行かなくても、結局はあれこれ用事を頼まれる週末。「家族で過ごすから」と旦那が言えば、「そうよね、私なんて早く死ねばいいわよね。お荷物よね。いいの、いいの。来なくていいの。ごめんなさいね、できるなら私だって早くいなくなりたいわ」と言われる。

そう言わせないように、私も旦那に「断らずにイギリスにいる間、できる限りのことをしてあげよう」と決めた。そのために全てを諦め、イギリスに来たのだから。

そうは割り切っても、やはり気持ちは100％そうならない時もある。

「あなたは子供がいて友達がいて、生活があって出掛ける用事もあるけれど、私には何ひとつない。1日中、1週間ただただ何もせず家でTVを見ている私の気持ちなんて、あなたには理解できない」と言われて以来、週1で町に連れていき、毎週木曜は義母の買い物に付き合うことにしてきた。水曜は子供を連れて遊びにいき、土日は泊まり込む。


去年、義母と過ごす時間を苦痛に思いはじめた自分に気が付いた。共に過ごす時間が苦痛と思う私は、なんてひどい嫁であろうかと、罪悪感に襲われることがたびたびあった。

そこで、義母を嫌いにならぬよう、今年は編み物を義母から習うことに決めた。義母の得意な編み物を習うことで、義母は先生になり、改めて尊敬する部分を見られると思った。義母も「喜んで」と言ってくれた。こうすれば、泊まり込む週末も苦にならないと考えた。


気持ちが振り子のように左右する中、この義母のオーストラリア滞在は私にとっていろんなことに気付くきっかけとなった。

あと10日で義母は戻ってくる。その日は確実にくるのである。

だから今は、義母が楽しんでいるのか否かはどうでもよいのだ。少なくとも、私は心が落ち着いているのだからと、遠くを見ながら思う今日この頃。

人生の終わりを準備する

10年以上前に「白血病」だと診断された義母であったが、進行が遅いため、現状観察のまま今に至っていた。しかし、先日の血液検査で進行が早まっているとの結果が出たため、放射線治療を開始することとなった。来月から義母の放射線治療が始まる。

治癒率は10％、治療を受けてからの平均生存期間は半年。

これから1日1日を大切に、どれだけのことができるのかを考えながら生活していかねばならない。自分に後悔のないよう、できる限りのことをしようと決めた。そのために渡英したのだから。

そんな矢先、ネットを上手く使えない義母がｉＰａｄを私の目の前に持ってきた。「メッセージが来ているみたいなんだけど見られなくて。どうやって見るの?」と義母が聞いてきた。クリックするとオーストラリアの次男の嫁からであった。

義母の放射線治療が始まるとわかったのは数ヶ月前のこと。だからとても心配の電話をしてくるでもなく、連絡は自分の用事の時のみ。

メッセージは買い物の要求であった。「H&Mで買いたいものを添付したから、あなたが買って。私のカードが使えないから」と書いてあった。嫁曰く、オーストラリアにH&Mがないから買えないとのことであった。

私は怒りと吐き気を覚えた。来年の今日、義母がいないかもしれない。そんな状況で毎日を過ごす私達と義母は、取り繕うように努めて普通に生活しようとしている。そんな中、嫁は自分の買い物のお願いのみメッセージを送付。「体調どう?」とも聞かずにやりすごす女が家族と思うと、吐き気以上のものが込み上げるのであった。

結局、私が調べた結果、H&Mがオーストラリアにもあることが判明。それをメッセージに書いて送り返したが、以後、何も言ってこない。


来週は弁護士と会い、義母の遺言状の最終確認に入る。義母は「この通りにやってくれたらいいから」と言った。

人生の終わりを準備することに立ち会う複雑さと、凛として立ち向かう義母の強さから学ぶことは、今後の私の人生の強さとなることと思う。

おわりに

あれから義母は治療方針が変更し、結局一度だけ放射線治療を受けて現在に至っている。これまでとなんら変わらず元気で、今はこの夏に向けた引っ越しのため、忙しく動き回っている。そんな義母に必要な時だけ手を貸すようにしてはいるが、私も現在は2人の子供を育てる身となり、人生の先輩として、また母親の先輩として、義母がよきアドバイザーとなってくれている。

本書を読むと、私がまるで義母に尽くしているかのように捉えられてしまうかもしれないのだが、それは違うのだ。私が義母に夫の母として寄り添うのは、それだけ私が愛を持って可愛がられた経験があるから。ろくに英語も話せない外国人の私と同居することを受け入れてくれた義父母。時にホームシックで泣きはらした目を見て見ぬふりをし、そっと部屋のドアの前にドーナツを置いてくれていたことも、知り合いの魚屋に頼み、お寿司を仕入れてくれたこともあった。

当時、私もホームシックに疲れ果てていたが、義父母も同じ思いだったと思う。必要なのは時間薬だと理解し、そっと見守ってくれたからこそ、音を上げず、イギリスを嫌いにならず、今に至るのだと思う。義母との人間関係が構築できたことは、私の今後の人生にとって、大きな宝物となることだろう。

時に日本の父母を思い、傍に寄り添っていられないこと、遠くで子を産み、孫を見せてやれないことを考えた時、後悔では決してない心苦しさが込み上げることもある。しかし、笑顔で送り出してくれた父と母の強さがあるからこそ、私のここでの粘り強さがあるのだ。「住めば都」。この言葉は、姉のように慕っているオーストラリアに嫁いでいった日本人女性から言われた言葉だ。私が渡英する数週間前に言ってくれたのだが、当時はただの言葉として受け止めただけだった。けれど、渡英したあと、この言葉に何度救われたことか。あれから10年が経過し、ここを「都」と呼べるかもしれないと思えるようになってきた。人はいろんな心の葛藤を経て今に至るのだと思うと、イギリス生活も悪くはないと思える今日この頃だ。

私がブログを始めたのは、当時私がイギリスに馴染もう、英語を理解しようと必死にもがいていた頃。英語学校に通い、地元でアルバイトをし、周囲を英語でガチガチに固め、見る番組、読む物全てを英語にすることで自分を追い込んでいた。それがホームシックを更に悪化させ、悪循環が続いていた時、たまたま「ブログ」というものを目にした。

日記を公開することで、日本にいる家族や友人、知人、別れを惜しんでくれた同僚らに「今日も私は元気です」と伝えられればと思って始めたが、日本語で日記を書くことが日々のストレス発散となり、また自分が日本とつながる唯一の手段のような錯覚を持つようになった。開始当初は記事に対して家族や友人、同僚らがコメントを書いてくれていたのだが、これが当時の私にとって、どれだけの励みと喜びとなっていたことか。まるでカフェでお茶しているような、居酒屋で仕事帰りに飲み食いしているような気持ちさえ感じるほどだった。それほど日本語を書ける場所を必要としていたのかもしれない。

いつしか読者数は増え、自分でも驚く数になっているが、今でもブログを書く時は、あくまで「ちょっと聞いて～今日こんなことあってんで～」と家族や友人に話す感覚で書いている。いろんな方々からコメントやメッセージをいただくこともあるが、ブログという公開日記を通し、なんとも不思議な縁をいただいたと思う日々だ。コメントを下さる方々は、実に知性豊かな方々ばかりで、ここ数年はコメントを読むことで、交換日記をしているような錯覚を覚えるという、不思議な感覚でブログを書いている自分を発見したのも事実だ。

時に大阪弁を標準語表現に変えた方がいいといってこられる読者の方もおられるが、私の話し言葉である大阪弁であえて書くことで、今日の出来事を家族や友人に話しているかのような感覚が、本来このブログを始めた趣旨だったということをご理解願えれば幸いだ。

最後に、日頃ブログを読んで下さり、時にコメントやメッセージで励ましのお言葉を下さる方々に、心から御礼を申し上げたいと思います。

また、「イギリス毒舌日記」を読み、書籍化まで導いて下さった担当者の森様、文章に花を添えて下さったイラストレーターのイドナオミ様、デザイナーの藤崎様に、心より感謝いたします。

この1冊が、手に取って下さった方々にとって楽しい読み物となりますれば幸いです。

北の国より、心を込めて。

wiltomo

・STAFF・

Illustrator — イドナオミ

Book designer — BLUE DESIGN COMPANY

Proofreader — 鷗来堂

Editor — 森 摩耶（ワニブックス）

イギリス毒舌日記

著者　ウィルトモ

2016年6月23日　初版発行

発行者　横内正昭

編集人　青柳有紀

発行所　株式会社ワニブックス

〒150-8482

東京都渋谷区恵比寿4-4-9　えびす大黑ビル

電話　03-5449-2711（代表）

03-5449-2716（編集部）

ワニブックスHP　http://www.wani.co.jp/

WEBマガジン　WANI BOOKOUT　http://www.wanibookout.com/

印刷所　株式会社光邦

製本所　ナショナル製本

ISBN 978-4-8470-9465-1